English on Screen

Learning Real English through Erin Brockovich

Makoto Imura
Hidetami Nakai
Sae Matsuda
Goro Yamamoto
Matthew Caldwell
Damien Healy

KINSEIDO

Kinseido Publishing Co., Ltd.
3-21 Kanda Jimbo-cho, Chiyoda-ku,
Tokyo 101-0051, Japan

First published 2015 by Kinseido Publishing Co., Ltd.

Cover design sein
Text design guild
Illustrations Isao Yokokawa

English proofreading Matthew Caldwell
Damien Healy

■ 写真クレジット
dpa／時事通信フォト（カバー、p.7、p.19、p.31、p.43、p.55、p.67、p.79）
The Kobal／時事通信フォト（p.1）

音声ファイル無料ダウンロード

http://www.kinsei-do.co.jp/download/3993

この教科書で DL 00 の表示がある箇所の音声は、上記 URL または QR コードにて無料でダウンロードできます。自習用音声としてご活用ください。

▶ PC からのダウンロードをお勧めします。スマートフォンなどでダウンロードされる場合は、**ダウンロード前に「解凍アプリ」をインストール**してください。
▶ URL は、**検索ボックスではなくアドレスバー（URL 表示覧）**に入力してください。
▶ お使いのネットワーク環境によっては、ダウンロードできない場合があります。

CD 00 左記の表示がある箇所の音声は、教室用 CD（Class Audio CD）に収録されています。

はじめに

本書は、映画という生きた英語の素材を使って、総合的な英語力を育成することを目的として作りました。映画で話されている英語は、脚本家が作成したシナリオをもとに、プロの俳優が演技をする中で何度も練り直されて最終的に採用されたものです。その意味で、映画のセリフは、メッセージや感情を伝えるために最適化された言葉であり、英語を学習する上で最良のモデルであると言えます。また、人間は言葉のみでコミュニケーションを行っているわけではありません。動作や表情、声の出し方、相手との距離、さらには服装や色、臭いといったものまでが、相手に様々なメッセージを伝えます。また、メッセージは文脈（コンテキスト）の中で伝わります。話の前後関係（言語文脈）や、いわゆるTPO（状況文脈）、さらには文化規範（文化文脈）に応じて、メッセージが解釈されます。このような非言語的な要素を含めて、人間のコミュニケーションをありのままに、映像と音声を通して伝えてくれるのが映画なのです。

本書が取り上げる映画は、1993年に実際にアメリカで起きた公害訴訟事件をもとにして作られたものです。法律を専門に学んだことのない主人公エリン・ブロコビッチが、さまざまな苦難を乗り越えて、自分を信じてくれた人々のために、最後まで闘い抜く姿は感動的です。この物語を通して、皆さんがコミュニケーションのみならず、アメリカの文化や社会についても広く学んでいかれることを願っています。なお、この映画にはswearword（口汚い罵りの言葉や、淫らな言葉）がかなり多く出てきますが、それらが決してこのストーリーの本質的な価値を減じるものではないことを、理解していただけると思います。

本書の特徴

本書は、映画全体を6つのストーリーに分け、それぞれのストーリーをReadingのユニットと、視聴覚学習のユニットで学んでいくという構成になっています。つまり、1週目の授業で読んで理解した内容を、翌週の授業では映像と音声で確認しながら、英語の理解能力と運用能力の両面を高めていくことを狙っています。1つのストーリーを2週にわたって学習していくことで、予習復習のサイクルが自然に生まれ、あわてずに、じっくりと学んでいくことができます。また、1週目の授業では理解活動を中心に学び、2週目の授業ではコミュニケーション活動を中心に学ぶことで、学習にメリハリがつきます。とくに2週目の授業では、すでにストーリーをよく理解した上で、その内容が実際に生きた英語でどのように表現されているのかということに注意を傾けることによって、まさに<u>英語に意識を集中した学習</u>が可能になります。そもそも週1回90分の授業の中で触れることのできる英語の量は限られていますが、本書では、できるだけ多くの、良質で理解可能なインプットで授業が満たされるように配慮しています。詳しくはIntroduction（Unit 1）の「テキストの構成と使い方」を参照してください。

■ 映画基本情報

タイトル：エリン・ブロコビッチ（原題：Erin Brockovich）
制作年：2000年
配　給：ユニバーサル・ピクチャーズ（Universal Pictures）
監　督：スティーヴン・ソダーバーグ（Steven Soderbergh）
脚　本：スザンナ・グラント（Susannah Grant）
配　役：

役名	俳優
エリン・ブロコビッチ Erin Brockovich	ジュリア・ロバーツ Julia Roberts
エドワード・マスリー Edward L. Masry	アルバート・フィニー Albert Finney
ジョージ George	アーロン・エッカート Aaron Eckhart
ドナ・ジェンセン Donna Jensen	マーグ・ヘルゲンバーガー Marg Helgenberger
チャールズ・エンブリー Charles Embry	トレイシー・ウォルター Tracey Walter
カート・ポッター Kurt Potter	ピーター・コヨーテ Peter Coyote
パメラ・ダンカン Pamela Duncan	チェリー・ジョーンズ Cherry Jones

受　賞：第73回アカデミー主演女優賞（ジュリア・ロバーツ）

CONTENTS

■ DVD チャプターリスト

Story / Unit	Chapter	Time	Lap	Total
Story 1 職探し (Unit 2-3)	1. オープニング／面接	0:00:00-0:03:44	3:44	16:37
	2. エド・マスリー	0:03:44-0:07:32	3:48	
	3. 子供たちとの食事	0:07:32-0:11:04	3:32	
	4. 職探し	0:11:04-0:12:19	1:15	
	5. 懇願するエリン	0:12:19-0:16:37	4:18	
Story 2 発見 (Unit 4-5)	6. 新しい隣人	0:16:37-0:18:58	2:21	22:38
	7. 服装への忠告	0:18:58-0:26:31	7:33	
	8. 不動産の書類と医療記録	0:26:31-0:28:49	2:18	
	9. ドナ・ジェンセン	0:28:49-0:33:02	4:13	
	10. 水質管理局	0:33:02-0:36:21	3:19	
	11. 解雇されたエリン	0:36:21-0:39:15	2:54	
Story 3 訴訟準備 (Unit 6-7)	12. 惹かれあう２人	0:39:15-0:42:40	3:25	30:39
	13. 復職	0:42:40-0:47:48	5:08	
	14. 真相を知るドナ	0:47:48-0:57:17	9:29	
	15. 訴訟への第一歩	0:57:17-1:00:11	2:54	
	16. アナベル	1:00:11-1:09:54	9:43	
Story 4 大原告団結成へ (Unit 8-9)	17. 母親としての寂しさ	1:09:54-1:14:37	4:43	17:33
	18. 大原告団 結成へ	1:14:37-1:21:40	7:03	
	19.「例の井戸水」	1:21:40-1:23-55	2:15	
	20. すれ違う心	1:23:55-1:27:27	3:32	
Story 5 仲裁裁判 (Unit 10-11)	21. パメラの心の傷	1:27:27-1:29:53	2:26	19:10
	22. 新パートナー	1:29:53-1:38:28	8:35	
	23. テレサの調査	1:38:28-1:43:28	5:00	
	24. 住民への説明会	1:43:28-1:46:37	3:09	
Story 6 終結 (Unit 12-13)	25. 再び結ばれた絆	1:46:37-1:52:14	5:37	24:27
	26. 内部文書の発見	1:52:14-1:59:32	7:18	
	27. 朗報	1:59:32-2:05:52	6:20	
	28. エピローグ／エンド・クレジット	2:05:52-2:11:04	5:12	

※各 chapter の time は再生機種によって数秒の誤差があります。

Erin Brockovich

エリン・ブロコビッチ

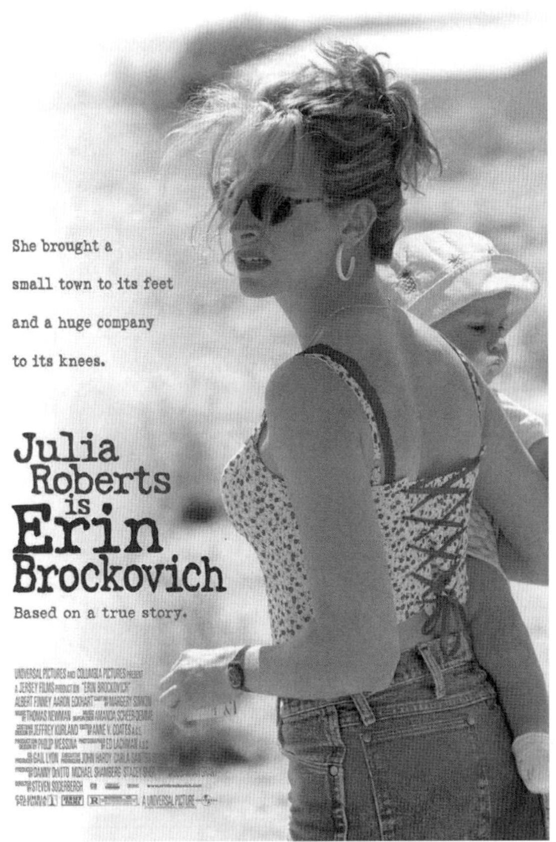

"Every day is a winding road."

Erin Brockovich（2000 年 ユニバーサル・ピクチャーズ配給作品）
監督：スティーブン・ソダーバーグ
出演：ジュリア・ロバーツ、アルバート・フィニー
収録時間：約 130 分

Introduction

テキストの構成と使い方

このテキストは、以下の14ユニットから構成されています。

Unit 1	Introduction	学習のポイントほか
Unit 2	Reading	**Story 1 Job Hunting**（職探し） →［DVD］Chapter 1-5
Unit 3	Audio-Visual Learning	
Unit 4	Reading	**Story 2 Discovery**（発見） →［DVD］Chapter 6-11
Unit 5	Audio-Visual Learning	
Unit 6	Reading	**Story 3 Getting Ready for the Suit**（訴訟準備） →［DVD］Chapter 12-16
Unit 7	Audio-Visual Learning	
Unit 8	Reading	**Story 4 Four-hundred-or-so Plaintiffs**（大原告団結成へ） →［DVD］Chapter 17-20
Unit 9	Audio-Visual Learning	
Unit 10	Reading	**Story 5 Binding Arbitration**（仲裁裁判） →［DVD］Chapter 21-24
Unit 11	Audio-Visual Learning	
Unit 12	Reading	**Story 6 Settlement**（終結） →［DVD］Chapter 25-28
Unit 13	Audio-Visual Learning	
Unit 14	Extra Reading	**The Real Erin**（等身大のエリン）

映画の6つのストーリーは、それぞれ Reading ユニットと Audio-Visual Learning ユニットに分かれており、まず一週目に Reading ユニットで話の内容を理解したら、翌週はその場面を映画で観て視聴覚学習をします。それぞれのユニットの構成は次のようになっています。

Reading ユニット（1週目）

□ テキスト

400語程度の簡明な英文で、ストーリーを要約してあります。太字の重要語句の意味は、予習の時にチェックしておきましょう。

□ Vocabulary Check

重要語句の確認問題です。

□ Grasping the Outline

表を完成させることで、ストーリーの内容把握ができたかを確認する問題です。

□ Vocabulary in Use

同意語、反意語、連語（コロケーション）などを通して、語彙力を広げる問題です。

□ Grammar for Production

英語を使えるようになるための、ひとくち文法解説と、パターン英作文問題です。

□ **語法・文法ティップス**

テキストに出てくる語句の使い方や、文法についてのひとくち解説です。

□ Phrase Reading Exercise

フレーズリーディングによるトレーニングのためのワークシートです。黙読から、音読、暗唱へ、それぞれ短い区切りから、長い区切り、パラグラフ全体へとステップアップしながら練習しましょう。

□ **学習クリニック**

英語の学習の仕方に関するコラムです。参考にして、自習課題に挑戦してみましょう。

Audio-Visual Learning ユニット（２週目）

□ Scene 1 / 2

・First Viewing

1回目の視聴（英語字幕付き）では、前もって問題に目を通した上で、場面をよく観察しましょう。質問と答えは、日本語でも英語でもできるようになっています。

・Sound Focus

音声変化に注意して、ディクテーションをやってみましょう。

・Second Viewing

2回目の視聴(字幕なし)では、セリフで実際に使われている表現を聴き取ってみましょう。

・Acting Out

視聴した場面を参考にして、状況会話をペアでロールプレイしてみましょう。

□ **口語表現ティップス**

おもしろい口語表現をとりあげて解説しています。

□ **字幕ウォッチング**

字幕翻訳に見られるおもしろい発見をとりあげて解説しています。

□ Column

それぞれのストーリーに関連したテーマを取り扱った、教養コラムです。

この映画について

Erin Brockovich は、1993 年にアメリカ合衆国で実際にあった訴訟事件をもとに映画化された話です。エリン・ブロコビッチは、3 人の子供をかかえるシングルマザー。必死に就職活動をしますが、なかなかうまくいきません。ようやく押しかけるようにして働き始めた法律事務所でも、派手な服装や乱暴な言葉使いがたたって、解雇されてしまいます。しかしエリンはそのころ独自の調査によって、地域のエネルギー供給会社（PG&E: Pacific Gas and Electric 社）が重大な公害問題を引き起こしている証拠をつかんでいました。サビ止めに使われていた六価クロムがヒンクリー地区にある工場から垂れ流され、周辺に住む人々は、癌や臓器不全などの健康被害を被っていたのです。しかも会社は事実を隠ぺいするとともに、家を買収して地域住民を立ち退かせ、事なきを得ようとしていました。その証拠と引き換えに、再びエドの法律事務所で働く機会を得たエリンは、エドとともに本格的な調査に乗り出し、訴訟準備を始めます。子供たちをボーイフレンドのジョージに預け、仕事に没頭するエリンですが、一緒に過ごせる時間もほとんどなく、子供たちの我慢は限界に達し、挙句の果てに頼りのジョージも出て行ってしまいます。訴訟の準備も難航し、リスクを背負いきれないと判断したエドは、知り合いのやり手弁護士カートに応援を頼みます。集団訴訟には、莫大な費用と、長い年月がかかるため、カートは仲裁（字幕では調停）による決着を勧めます。仲裁裁判では、陪審員抜きで審理が行われ、判事が下す判決が最終となり、上訴はできません。エリンは、住民は裁判を求めているといって反論しますが、カートは仲裁が唯一の現実的な方法であると諭します。仲裁に持ち込むには原告 634 人のほぼ全員の同意を得る必要があり、エリンは地域集会を開いて住民を説得し、原告の家を一軒一軒訪問して、同意書を集めて回ります。とうとうエリンは原告全員の同意書を集めきりますが、まだ 1 つ大きな問題が残されていました。それは、サンフランシスコにある PG&E の本社が、この事実を知りながら放置していたということがまだ証明できていなかったことです。もしこの事実が証明できれば、多額の懲罰的損害賠償金を得られることが期待できます。幸運なことに、エリンはかつてヒンクリー工場で働いていたチャールズという男性からこの事実を証明する証拠を得、その結果米国訴訟史上最高の 3 億 3,300 万ドルの和解金を勝ち取ります。

学習のポイント

この映画では、以下のチャプターで、それぞれ状況に則した会話や、専門用語などを学ぶことができます。

・Chapter 1　オープニング・面接（面接の英語／医学用語）

・Chapter 2　エド・マスリー（法廷での証言）

- Chapter 3　子供たちとの食事（レストランでの注文）
- Chapter 4　職探し（求人応募の電話）
- Chapter 5　懇願するエリン（自己主張）
- Chapter 6　新しい隣人（誘いと拒絶）
- Chapter 7　服装への忠告（言い返し）
- Chapter 9　ドナ・ジェンセン（化学用語／医学用語）
- Chapter 13　復職（取引・交渉）
- Chapter 15　訴訟への第一歩（法律用語）
- Chapter 17　母親としての寂しさ（感動を語る）
- Chapter 18　大原告団 結成へ（ESP：法律英語「妨訴抗弁」）
- Chapter 19　例の井戸水（弁論術）
- Chapter 21　パメラの心の傷（子供とのロゲンカ）
- Chapter 22　新パートナー（ESP：法律英語「仲裁」／弁論術）
- Chapter 23　テレサの英語（口論の英語）
- Chapter 24　住民への説明会（説得の英語）
- Chapter 25　再び結ばれた絆（相互理解・思いやりの表現）
- Chapter 26　内部文書の発見（話の切り出し方）
- Chapter 27　朗報（皮肉を含んだ会話）

映画視聴

①まずは、吹き替えや日本語字幕で映画を一通り観て、ストーリーを理解しましょう。

②授業で観られなかったところは、できるだけ自分で観ておくようにしましょう。

③ DVD を借りたり、購入できるのであれば、最終的に字幕なしでもほとんど理解できるようになるまで、何度でも繰り返し観ましょう。

登場人物エクササイズ

登場人物を下の選択肢から選んで、
次の人間関係図を完成させましょう。

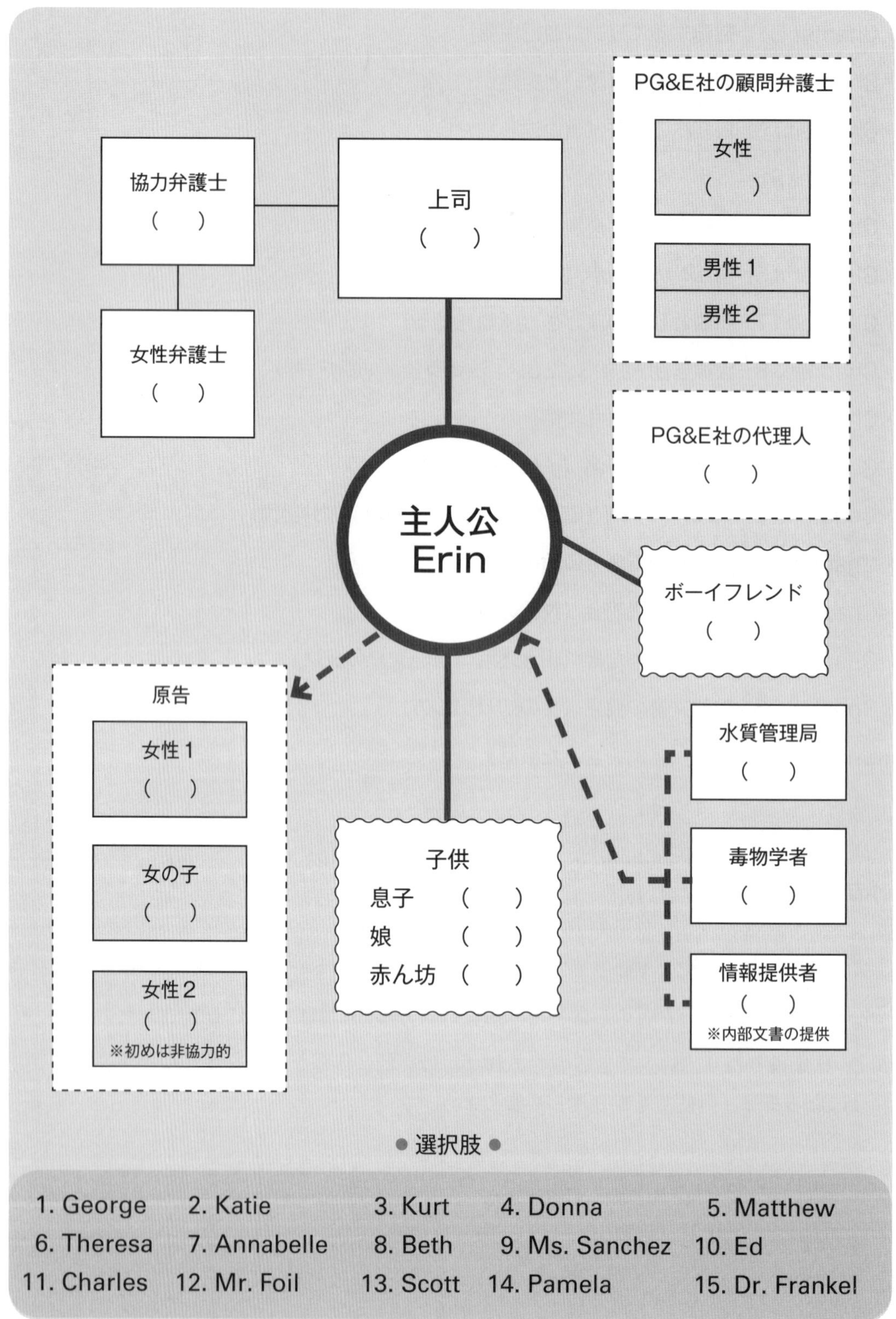

● 選択肢 ●

1. George　2. Katie　3. Kurt　4. Donna　5. Matthew
6. Theresa　7. Annabelle　8. Beth　9. Ms. Sanchez　10. Ed
11. Charles　12. Mr. Foil　13. Scott　14. Pamela　15. Dr. Frankel

Job Hunting

職探し

"I need a paycheck, not pity."

DVD Chapters 1 - 5
Time 0:0:00 – 0:16:37

Reading

太字の語句に注意しながら次の文を読み、問題に答えましょう。

エリンはシングルマザー、銀行預金は 16 ドル。
3 人の子供たちと暮らしていくために、早く仕事を見つけたい。

DL 01 CD 02 ~ CD 06

❶ Erin Brockovich is at a medical clinic. She is having a job interview with a doctor. She does not have any medical training, but she tries to **convince** the doctor that she is a fast learner and has good personal skills. However, her resume is not good enough and she does not get the job. To make matters worse, she gets a parking ticket outside the clinic, and on her way home, a speeding Jaguar crashes into her car. She is having a bad day.

❷ Erin is injured pretty badly; she needs to have some broken bones in her neck replaced with bone from her hip. She goes to Ed Masry's law firm to **file a lawsuit**. At the **trial**, however, she gets mad at the **defense** lawyer's **provoking** questions and uses bad language. She makes a bad impression on the **jury** and **loses the case**.

❸ Erin picks up her baby Beth from the babysitter and brings her home. Beth has a cold and gets a little cranky. Erin tries to **fix** her some food but finds a cockroach running around in the sink and gives up. She takes all her kids, Matthew, Katie, and Beth, out for lunch at a family restaurant.

❹ Erin is now desperate to find a job. She searches through **job ads** and makes one phone call after another without success. In the meantime, she also tries to reach Ed on the phone, but her message never gets through to him. Running out of **patience**, she makes a big decision; she **barges into** Ed's office and starts working as if she has been working there for a long time.

❺ Erin accuses Ed of ignoring her and lying to her. Ed tries to **calm** her **down**, but she does not give up and says she needs a **paycheck**, not **pity**. Ed says they have enough staff right now, but Erin argues that if they had enough staff, they would surely return her phone calls. She has a point and finally manages to **convince** Ed to let her work in his firm, though with no **benefits**. She is shown around the office and to her desk by one of the staff. Erin breathes a sigh of relief, but now she needs an advance on her **paycheck** for the weekend. Unfortunately, the payroll manager is already gone, so Erin has no choice but to borrow some money from Ed.

Notes

[4] to make matters worse さらに悪いことに [12] get cranky 機嫌が悪くなる・むずがる [16] in the meantime その一方で [25] breathe a sigh of relief ほっと胸をなでおろす [26] payroll manager 給与担当マネージャー

Vocabulary Check

次の語句の意味を、選択肢の中から選びましょう。

1. convince	( )	**6.** jury	( )	**11.** barge into ~	( )
2. file a lawsuit	( )	**7.** lose the case	( )	**12.** calm ~ down	( )
3. trial	( )	**8.** fix	( )	**13.** paycheck	( )
4. defense	( )	**9.** job ads	( )	**14.** pity	( )
5. provoking	( )	**10.** patience	( )	**15.** benefits	( )

a. 裁判　b. 求人広告　c. ～に駆け込む　d. 陪審員団　e.（食事などを）用意する
f. ～をなだめる　g. 憐れみ　h. 挑発的な　i. 社会保障費　j. 敗訴する
k. 訴訟を起こす　l. 説得する　m. 給料　n. 被告側　o. 我慢・忍耐

Grasping the Outline

本文の情報を、映画の該当部分と照合しながら段落ごとに表にまとめてみましょう。「場所・場面」「登場人物」「その他」それぞれの（　）に当てはまる語を各選択肢から選びましょう。

段落	場所・場面	登場人物	その他
選択肢	**firm, clinic, trial, home, restaurant**	**babysitter, defendant, Beth, doctor, jury**	**paycheck, file, ticket, lose, sink**
❶	a medical (1　　)	Erin = the interviewee a (2　　) = the interviewer	a job interview
	on her way (3　　)	Erin	a parking (4　　), a car accident
❷	Ed Masry's law (5　　)	Erin, Ed Masry, other workers	neck injury, (6　　) a law suit
	at a (7　　)	Erin, Ed, the (8　　) and his lawyer, the (9　　), the judge, audience	bad language, bad impression, (10　　) the case
❸	babysitter's house Erin's house a family (11　　)	a (12　　), Erin's three children: Matthew, Katie, and (13　　), a waitress	a cockroach in the (14　　), eat out
❹	Erin's house Ed's firm	Erin	job ads, phone calls, a big decision,
❺	Ed's firm	Erin, Ed, other workers	no benefits, an advance (15　　)

Vocabulary in Use

A. 下線部の語句の同意語句(≒)または反意語句(⇔)を、選択肢の中から選びましょう。

(1) Erin tries to <u>convince</u> the doctor that she is a fast learner and has good personal skills.
≒ ① impress ② persuade ③ warn

(2) Erin makes a bad impression on the jury and <u>loses</u> the case.
⇔ ① defeats ② finds ③ wins

(3) Erin tries to <u>fix</u> her some food.
≒ ① repair ② prepare ③ secure

(4) Erin is now <u>desperate</u> to find a job.
≒ ① giving up ② getting depressed ③ willing to do anything

(5) Erin <u>accuses</u> Ed <u>of</u> ignoring her and lying to her.
≒ ① asks ... for ② criticizes ... for ③ punishes ... for

B. 本文を参考にして、次の日本語の意味に合うように、英文の空所に適語を補充しましょう。

(1) 私は月曜日に航空会社の就職面接を受けます。
I (　　　　)(　　　　)(　　　　)(　　　　)(　　　　) with an airline on Monday.

(2) トムは職場内の差別で雇用主を訴えた。
Tom (　　　　)(　　　　)(　　　　)(　　　　) his employer for workplace discrimination.

(3) 被告側が敗訴した。
The defendant (　　　　)(　　　　)(　　　　).

(4) コーヒーを入れてあげよう。
I will (　　　　)(　　　　)(　　　　) coffee.

(5) 私はその申し出を受けざるを得なかった。
I (　　　　)(　　　　)(　　　　)(　　　　) to accept the offer.

Grammar for Production

「もし…だったら」と現在の事実に反する仮定を表すのに過去形を使うのは、日本語も同じです。これを仮定法過去と呼んでいます。

例にならって、「もし自分が～を持っていたら～だろう」と仮定法を使って言ってみましょう。

(例) If they had a full staff, they would return a client's phone call.

(1) たくさんの時間 plenty of time ／フランス語を勉強する study French

(2) 十分なお金 enough money ／ヨーロッパに旅行する travel to Europe

(3) 才能 talent ／ピアニストになる be a pianist

語法・文法ティップス

argue は、議論するという意味ですが、自分が言っていることが正しいことを主張するという含みがあります。したがって、Galileo argued that the earth circles the sun. は、「ガリレオは、地球が太陽の周りを回っていると主張した」という意味になります。また、何かに賛成する場合は for、反対する場合は against を伴って、The lawyer argued for/against the dismissal of the case.「その弁護士は、訴訟棄却に賛成する／反対する議論をした」のように言うことができます。

Phrase Reading Exercise

次は8ページの英文に区切りを入れたものです。次ページの指示に従って読んでみましょう。

① Erin Brockovich / is at a medical clinic. // She is having / a job interview / with a doctor. // She does not have / any medical training, // but she tries / to convince the doctor // that she is a fast learner / and has good personal skills. // However, / her resume / is not good enough // and she does not / get the job. // To make matters worse, // she gets a parking ticket / outside the clinic, // and on her way home, // a speeding Jaguar / crashes into her car. // She is having / a bad day. //

② Erin is injured / pretty badly; // she needs / to have some broken bones / in her neck // replaced with bone / from her hip. // She goes to / Ed Masry's law firm / to file a lawsuit. // At the trial, however, // she gets mad / at the defense lawyer's / provoking questions // and uses / bad language. // She makes / a bad impression / on the jury // and loses the case. //

③ Erin picks up / her baby Beth / from the babysitter // and brings her home. // Beth has a cold / and gets a little cranky. // Erin tries / to fix her some food // but finds a cockroach / running around in the sink // and gives up. // She takes all her kids, / Matthew, Katie, and Beth, // out for lunch / at a family restaurant. //

④ Erin is now desperate / to find a job. // She searches through / job ads // and makes / one phone call after another / without success. // In the meantime, / she also tries / to reach Ed / on the phone, // but her message / never gets through / to him. // Running out of patience, / she makes / a big decision; // she barges into / Ed's office / and starts working // as if she has been working there / for a long time. //

⑤ Erin accuses Ed / of ignoring her / and lying to her. // Ed tries / to calm her down, // but she does not give up / and says // she needs a paycheck, / not pity. // Ed says / they have enough staff / right now, // but Erin argues / that if they had enough staff, / they would surely / return her phone calls. // She has a point, / and finally manages / to convince Ed // to let her work / in his firm, / though with no benefits. // She is shown / around the office / and to her desk / by one of the staff. // Erin breathes / a sigh of relief, // but now she needs / an advance on her paycheck / for the weekend. // Unfortunately, / the payroll manager / is already gone, // so Erin has no choice / but to borrow some money / from Ed. //

A. Silent Reading

Step 1 ★ 短い区切り(/)ごとに、英語の語順のまま意味を理解しながら、黙読してみましょう。

Step 2 ★★ 先ほどより長い区切り(//)に挑戦してみましょう。前に戻らないで意味がつかめますか？

Step 3 ★★★ 段落ごとにまるごと流し読みをしてみましょう。場面が頭に浮かびますか？

B. Read Aloud

Step 1 ★ 短い区切り(/)ごとに、正しい発音で声を出して読んでみましょう。2度目は Read and look up の手法を用いて、読むときは文字を見ないで言ってみましょう。

Step 2 ★★ 先ほどより長い区切り(//)に挑戦してみましょう。Read and look up でもできますか？

Step 3 ★★★ 段落ごとに物語を語るように読んでみましょう。正しいイントネーションで読めますか？

C. Production

Step 1 ★ 先生から配られた和英対照訳を見ながら、フレーズごとに暗唱してみましょう。

Step 2 ★★ Step 1 をつなげて、センテンス単位で暗唱してみましょう。

Step 3 ★★★ 本文の英語を使って、次の質問に答えてみましょう。

(1) What happens to Erin on her way home?

(2) Why does she lose the case?

(3) What does Erin find when she tries to cook some food for her baby?

(4) What does Erin decide to do when Ed fails to return her calls?

(5) What does Erin say to Ed when he tries to calm her down?

To Infinity…and Beyond! ★★★★

各段落のあらすじを、英語で再現してみましょう。

(1) エリン・ブロコビッチは、メディカルクリニックで働こうと医者に面接を受けるが、経験も学歴もなく、採用されない。

(2) 面接の帰りに、自動車の衝突事故で怪我を負った彼女は、エドの弁護士事務所へ行き、相手を訴える。しかし法廷で相手の弁護士の挑発的な質問に切れて汚い言葉を使った彼女は、陪審員団の心証を悪くして敗訴する。

(3) ベビー・シッターから赤ん坊のベスを引き取って家に帰るが、ベスの調子が悪い。食事を作ろうとするが、流しにゴキブリが出て、作る気をなくし、マシュー、ケイティーと4人でファミリーレストランへ行く。

(4) 求人広告を見て次々に電話をかけるが、一向に埒があかない。とうとうエリンはエドの事務所に押し掛け、無理やりそこで働くことにした。

(5) 強引な理屈をつけてエドに迫り、何とか職を得たエリンだが、さっそく週末を過ごす生活費が無く、エドから給料を前借りする。

学習クリニック

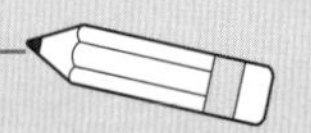

映画英語学習法

映画は、生きた英語を学ぶのに最適の教材です。映画のセリフは、脚本に基づくものなので厳密な意味では自然な発話とは言えませんが、プロの脚本家が紡ぎ出した言葉を、プロの俳優が役になりきって、感情を込め、その場の状況に最もふさわしい声の調子で発音したものです。ですから、口語英語の特徴である自然な音声の変化や、状況場面に応じた英語表現を学ぶことができます。また、映画で使われる英語は多様です。話される地方によるアクセントや、国による発音の違いなども生きた英語の要素と言えるでしょう。

映画の教材としての大きな利点は映像です。人は言葉だけに頼ってコミュニケーションをしているわけではありません。沈黙や、表情、身振り手振りも大きなコミュニケーションの手段です。このようなノンバーバル・コミュニケーションの実際を、映像を通して自然に学ぶことができます。

また映画には、楽しいとかスリルがあるといったエンターテインメントの要素もありますが、同時に題材を通じて社会や歴史、他国の文化、あるいは人生について多くのことを学び、教養を培うことができるという教育的価値があります。

映画を使って英語を学習する際には、ぜひ字幕を有効に活用してください。最初は日本語字幕付きで観て（Step 1)、内容が把握できたら英語字幕付きで観てみましょう (Step 2)。最後に字幕なしで観てみて、発音が聞き取れなかった箇所は英語字幕で確認しましょう (Step 3)。映像を消して音だけに集中して場面を思い浮かべたり、逆に音声を消して、口の動きに合わせてセリフを言ってみるというような応用練習をすることも可能です。

このようにして、最終的に字幕なしでも英語が聴き取れ、さらには、セリフが口をついて出てくるようになれば完璧です。また、できれば英語字幕と日本語字幕を比較してみましょう。耳が不自由な人のためにセリフをほぼ忠実に再現した英語字幕(クローズド・キャプション）と、日本語母語話者が瞬時に内容がわかるように短縮された日本語字幕では目的が異なりますが、表現を比べてみると、そこに様々な発想や文化の違いが表れていることに気づくことができるでしょう。

自分の好きな映画（DVD）を 1 本選んで、次の方式で 3 回観てみましょう。

- 1 回目：日本語字幕付き
- 2 回目：英語字幕付き
- 3 回目：字幕なし

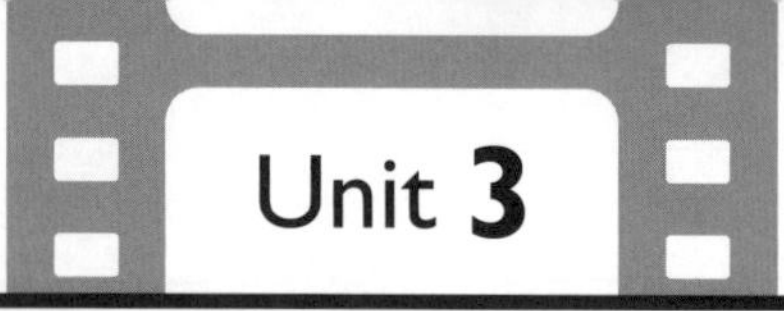

Audio-Visual Learning

Job Interview (0:00:00 - 0:02:25)

First Viewing

英語字幕で観ながら、場面観察をしてみましょう。

(1) エリンは医療の研修を受けた経験がありますか？
(Does Erin have any medical training?)

(2) エリンはどうして医療のことについて多少なりとも知っているのですか？
(How does she know a few things about medicine?)

(3) エリンのセリフ "I'm great with people." は、どういう意味ですか？
(What does she mean when she says, "I'm great with people"?)

(4) エリンは彼女の経歴に医者があまり興味を持っていない様子を見て、何と言いますか？
(What does she say when she sees her background does not impress the doctor?)

(5) 医者が "Look." と言った時のエリンの表情の変化に注意しましょう。医者のこの言葉は何を意味していますか？
(See how Erin's expression changes when the doctor says "Look." What does the doctor's utterance indicate?)

Special Terms

throat cultures［医］のどの組織（培養） Q-Tip［商標］綿棒 urinalysis［医］尿検査 dipstick［医］（尿検査に使う）計深棒 white count［医］白血球の数 lab［科］実験（室） geology［科］地質学 chicken pox［医］水疱瘡

Sound Focus

DL 02 ~ 06 CD 07 ~ CD 11

（1）～（5）の音声を聞き、音の変化に注意して、空所に入る語句を書き取ってみましょう。

(1) I (　　　　) (　　　　) (　　　　) right there.

(2) And … (　　　　) (　　　　) (　　　　)?

(3) You (　　　　) trust me (　　　　) (　　　　).

(4) When I (　　　　) (　　　　) (　　　　) high school, I got a job.

(5) You (　　　　) (　　　　) really nice office.

口語表現 ティップス

Your nine o'clock is here already.

朝職場に着いたエドに、秘書が言うセリフです。字幕では「お客が来てます」となっていますが、「9時にアポイントがある客」という意味でこのような言い方ができます。

Scene 1 面接 (0:00:00 - 0:02:25)

Second Viewing

空所に適語を補って状況表現を完成させた後で、もう一度字幕なしで観て、どのくらい理解できるか確認してみましょう。

(1) あなたは、実際に医療関係の研修を受けたことがないのですか？
You have no actual (　　　　　　) (　　　　　　)?

(2) 私は、人の扱いが得意なんです。
I'm (　　　　　　) with (　　　　　　).

(3) 私はとても学習するのが早いです。
I'm an extremely (　　　　　　) (　　　　　　).

(4) 私はずっと医療専門学校に行きたいと思ってました。
I (　　　　　　) (　　　　　　) to go to medical school.

(5) 私は地図の読み方を学びました。
I learned how to (　　　　　　) (　　　　　　).

Acting Out

エリンの就職面接の場面（0:00:00-0:02:25）を参考にして、次の会話を完成させ、ペアで練習してみましょう。

A: では、実際に法律関係の研修は受けたことがないんですね？

B: ええ、でも本はたくさん読みます。私はジョン·グリシャム（John Grisham）が好きで、彼の本から多くのことを学びました。

A: なるほど。

B: それからコンピュータが得意です。ワードとエクセルならまかしてください。高校の時は数学が得意でした。

A: 数学？

B: はい、特に確率と統計が好きでした。

A: ありがとう。あの ... ですね。

Scene 2 Self Assertion (0:13:10 - 0:14:34)

First Viewing

英語字幕で観ながら、場面観察をしてみましょう。

(1) エリンを苛立たせる２つのこととは何ですか？
(What are the two things that aggravate Erin?)

(2) エリンのセリフ "I don' t need pity. I need a paycheck." はどういう意味ですか？
(What does she mean when she says, "I don't need pity. I need a paycheck"?)

(3) エリンはどういう意味で、"Are you gettin' every word of this down, honey, or am I talkin' too fast for you?" と言っているのですか？
(What does she mean when she says, "Are you gettin' every word of this down, honey, or am I talkin' too fast for you?")

(4) エリンはエドに「今人手は足りている」と言われた時に、どのように反論しますか？
(How does Erin respond when Ed says, "We have a full staff right now"?)

(5) 最後にエリンはどうやって彼女に仕事を与えてくれるように説得しますか？
(How does Erin persuade Ed to give her a job in the end?)

Special Terms

worth a damn［俗］価値のない、安月給の　bullshit［俗］たわ言、でたらめ

Sound Focus

DL 07 ~ 11　CD 12 ~ CD 16

（1）～（5）の音声を聞き、音の変化に注意して、空所に入る語句を書き取ってみましょう。

(1) (　　　　　) (　　　　　) (　　　　　)?
(2) I (　　　　　) (　　　　　).
(3) (　　　　　) (　　　　　) (　　　　　).
(4) Are you getting every (　　　　　) (　　　　　) (　　　　　) down?
(5) (　　　　　) (　　　　　) (　　　　　) beg.

口語表現 ティップス

We have a full staff right now.

'staff' は、職員を集合的に表す言葉で、一人の職員のことを言いたい場合には、He is on the staff. や He is a staff member. のように言います。

Scene 2 自己主張 (0:13:10 - 0:14:34)

DVD 字幕なし

Second Viewing

空所に適語を補って状況表現を完成させた後で、もう一度字幕なしで観て、どのくらい理解できるか確認してみましょう。

(1) あなたは、電話を返してくれなかったわ。メッセージを残したのに。

You never (　　　　　　) me (　　　　　　). I left messages.

(2) あなたは、状況がよくなると言ったわ。でもそうなってない。

You told me (　　　　　　) (　　　　　　) (　　　　　　) (　　　　　　). They're not.

(3) 私は利口で、よく働くし、何でもするわ。

I'm (　　　　　　), I'm (　　　　　　) and I'll do anything.

(4) 仕事をもらえるまで、ここを離れないから。

I'm not (　　　　　　) here (　　　　　　) a job.

(5) もしうまく行かなければ、クビにして。

If it doesn't (　　　　　　) (　　　　　　), fire me.

Acting Out

エリンとエドの口論の場面 (0:13:10 - 0:14:34) のセリフ (英語) をペアで練習した後で、音声を消した映像を見ながら、日本語字幕が出たところで、それぞれのパートの英語のセリフを声に出して言ってみましょう。

字幕ウォッチング

日本語字幕は、視聴を妨げず瞬時に意味が理解できるようにするため、1秒間に4文字までという制約があるので、セリフの内容をそのまま訳したものではありません。でもそれだけにメッセージがうまく伝わるように、簡潔なことばが使われています。したがって、日本語と英語の字幕を見比べることで、伝えたいメッセージ (本質的な意味) が実際には英語でどのように表現される (言語化される) のかを理解することができます。例えば、エリンのセリフ「立ち聞きしないで」は、英語字幕では "Am I talking too fast?" となっています。皮肉でよりインパクトのある表現であることが分かりますね。

Self Assertion
（自己主張）

日本人は自己主張が下手だとよく言われます。これには文化的な要因がかかわっています。「出る杭は打たれる（The nail that sticks out gets hammered down.）」という諺があるように、集団志向が強い日本社会（group-oriented society）では、できるだけ目立たず、人に迷惑をかけないように控えめ（modest）に振る舞うことが求められ、それが「察し」や「思いやり」（consideration）といった美徳（virtue）につながっているとされています。

これに対して個人主義（individualism）が強い西洋社会、特にアメリカ社会では、個人の選択の自由や権利の主張が非常に尊重されます。そのような社会でも、この映画に出てくるエリン・ブロコビッチの自己主張の強さは圧倒的で、周囲のアメリカ人が皆おとなしく見えるほどです。そのあまりに強い自己主張と、乱暴な言葉の故に失敗することもありますが、最終的には強靭な意志で自分の信念を貫き、成功を勝ち取る彼女の姿は、やはり一般的にアメリカ人が憧れるアメリカン・ドリームを体現していると言えるでしょう。この映画の随所に見られるエリンの自己主張の場面のセリフから、その説得の技法を分析してみる価値があると思います。

さて、上に述べた日本の文化規範が、日本人が英語でコミュニケーションをしようとする際に、ある種の足枷となっている面があるのではないかと思います。ただ、だからと言って、英語を学ぶなら日本人的なものの見方や感じ方を捨てるべきだと言うのではありません。むしろそういったことも含めて、日本人の文化やアイデンティティーを伝えるためにも、あえて困難を克服して、もう一つのものの見方や発想を身に付ける意義があるのではないでしょうか。これを複眼思考と呼びます。外国語を学ぶことは、私たちの視野を広げ、人生をより豊かにすることにつながっています。

Discovery

発見

"So, that stuff kills people."

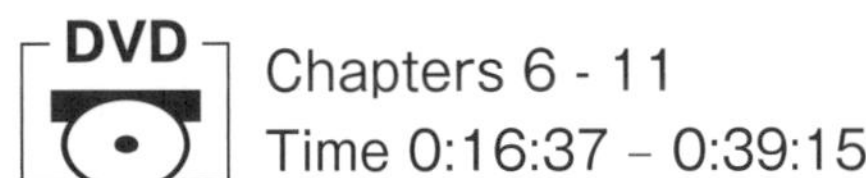

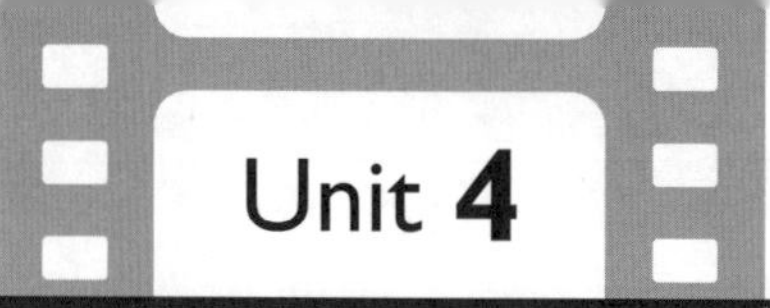

Unit 4

Reading

太字の語句に注意しながら次の文を読み、問題に答えましょう。

引っ越してきた新しい隣人との付き合いや、弁護士事務所で担当することになった仕事で、エリンの人生が大きく動き始める。

DL 12　CD 17 ~ CD 21

❶ Right after Erin puts her baby to sleep at night, she is **disturbed** by the loud **roaring** noise of a motorcycle outside. Erin gets upset and goes out to see what is happening in the front yard, where she meets George, who has just moved in next door. George apologizes for the noise his motorcycle made and tries to **strike up** a conversation with Erin, but she is not interested.

❷ At Erin's **workplace**, her boss Ed advises her to rethink her clothing. Apparently Erin's **colleagues** do not like her because her clothes are too **flashy** for the law firm. She finds herself isolated and has to do all her work alone.

❸ After work, Erin finds that the babysitter is not **properly** taking care of her children, but instead her **neighbor** George is serving them hamburgers and hot dogs. It seems the children are having a good time with George. George notices that someone has to take care of Erin's children, so he **offers** to babysit for free. At first, Erin does not like the idea because George has just moved in next door and he does not have a regular job, but she accepts his **offer** in the end.

❹ Working alone on a **real estate** case, Erin meets a **client**, Donna Jensen, in Hinkley. Donna tells Erin that Pacific Gas & Electric (PG&E) is **offering** to purchase her house, but she does not want to move out. Through the conversation, Erin learns that Donna and her husband have some medical problems, and for some reason PG&E pays for the doctor visits and health checkups for Donna's family. Donna says it is because of the chromium used at the PG&E plant, but for Erin, this does not add up.

❺ To find out more about the chromium, Erin visits a toxicologist at the university. She learns that chromium-six, or hexavalent chromium, is **toxic** and **causes** a number of diseases and health problems, such as chronic headaches, heart failure, and many types of cancer. The toxicologist advises Erin to do some research at the regional water board to learn about water-related problems. Erin **investigates** at the water board and makes a copy of some documents **indicating** that PG&E is implicated in the pollution in Hinkley. When Erin returns from her investigation, she gets fired for leaving the office without notifying anybody. Ed tells her that this law firm is not the right place for her.

Notes

[1] put ~ to sleep ～を寝かしつける　[19] health checkup 健康診断　[20] add up つじつまが合う　[21] toxicologist 毒物学者　[22] hexavalent chromium 六価クロム　[23] chronic 慢性的な　[23] heart failure 心不全　[25] water board 水質管理局　[26] be implicated in ～に関係がある

Vocabulary Check

次の語句の意味を、選択肢の中から選びましょう。

1. disturb ( )	**6.** flashy ( )	**11.** client ( )
2. roaring ( )	**7.** properly ( )	**12.** toxic ( )
3. strike up ( )	**8.** neighbor ( )	**13.** cause ( )
4. workplace ( )	**9.** offer ( )	**14.** investigate ( )
5. colleague ( )	**10.** real estate ( )	**15.** indicate ( )

a. 派手な　b. 同僚　c. きちんと　d. 原因となる　e. 妨害する
f. 示す　g. 職場　h. 隣人　i. とどろくような　j. 不動産
k. 依頼人　l. 有毒な　m. 始める　n. 申し出る・申し出　o. 調査する

Grasping the Outline

本文の情報を、映画の該当部分と照合しながら段落ごとに表にまとめてみましょう。「場所・場面」「登場人物」「その他」それぞれの（　）に当てはまる語を各選択肢から選びましょう。

段落	場所・場面	登場人物	その他
選択肢	**workplace, garden, front yard**	**Donna Jensen, George, toxicologist, colleagues**	**health, motorcycle, hexavalent, flashy, real estate**
❶	Erin's ([1])	Erin, Erin's baby, ([2]) and his friends	at night ([3]) noise
❷	Erin's ([4])	Erin, Erin's ([5]), Ed	Erin's ([6]) clothes
❸	George's ([7])	Erin, Erin's three children, George	BBQ babysitting
❹	Client's house	Erin, ([8]), client's family	([9]) case meeting a client
❺	University water board Ed Masry's law firm	Erin, ([10]), Ed	([11]) chromium, ([12]) problems

Vocabulary in Use

A. 下線部の語句の同意語句(≒)または反意語句(⇔)を、選択肢の中から選びましょう。

(1) Erin is <u>disturbed</u> by the loud roaring noise of a motorcycle.

≒ ① amused ② bothered ③ awakened

(2) George tries to <u>strike up</u> a conversation with Erin.

≒ ① finish ② refuse ③ start

(3) Ed advises Erin to <u>rethink</u> her clothing.

≒ ① remember ② reconsider ③ fold

(4) For Erin, what Donna said does not <u>add up</u>.

≒ ① make sense ② catch up ③ take a chance

(5) PG&E <u>is implicated in</u> the pollution in Hinkley.

⇔ ① has nothing to do with ② is advertising ③ pays attention to

B. 本文を参考にして、次の日本語の意味に合うように、英文の空所に適語を補充しましょう。

(1) ご迷惑をおかけしたことをお詫びします。

I (　　　　) (　　　　) the inconvenience.

(2) エリンはジョージの申し出を最後には受け容れました。

Erin accepts George's offer (　　　　) (　　　　) (　　　　).

(3) 六価クロムは多くの健康問題の原因となります。

Chromium-six causes (　　　　) (　　　　) (　　　　) health problems.

(4) この書類のコピーを取ってくれませんか？

Could you (　　　　) (　　　　) (　　　　) of this document?

(5) なぜ無断で職場を離れたのですか？

Why did you leave the workplace (　　　　) (　　　　) (　　　　)?

Grammar for Production

状況などから判断して「～のようだ」という時には seem を用います。[It seems that ～.] と [主語＋ seem to ＋動詞] の二通りの言い方があります。

例にならって、「～のようだ」という表現を使ってみよう。

(例) It seems that the children have had a good time. / The children seem to have had a good time.

(1) 君 you ／幸せ be happy

(2) 赤ん坊 baby ／寝ているところ be sleeping

(3) 【否定】弁護士 lawyer ／興味がある be interested in ／事案 the case

語法・文法ティップス

ある単語の語頭に re- を加えて、もとの単語の意味に「もう一度、再び」という意味を持たせることがあります。この re- は接頭辞（prefix）と呼ばれます。本文では、「考える：think」にこの接頭辞を付けた、「再び考える、考え直す：rethink」という単語が使われています。他にも、regain（取り戻す）や replace（取り換える）など多くの単語が日常的に使われています。

Phrase Reading Exercise

次は 20 ページの英文に区切りを入れたものです。次ページの指示に従って読んでみましょう。

① Right after / Erin puts her baby / to sleep at night, // she is disturbed / by the loud roaring noise / of a motorcycle outside. // Erin gets upset / and goes out to see // what is happening / in the front yard, // where she meets George, // who has just moved in / next door. // George apologizes / for the noise / his motorcycle made // and tries / to strike up a conversation / with Erin, // but she is not interested. //

② At Erin's workplace, / her boss Ed advises her / to rethink her clothing. // Apparently / Erin's colleagues / do not like her // because her clothes / are too flashy / for the law firm. // She finds herself isolated / and has to do / all her work alone. //

③ After work, / Erin finds // that the babysitter / is not properly taking care / of her children, // but instead / her neighbor George / is serving them / hamburgers and hot dogs. // It seems / the children are having / a good time with George. // George notices / that someone has to / take care of Erin's children, // so he offers / to babysit for free. // At first, / Erin does not like / the idea // because George has just moved in / next door // and he does not have / a regular job, // but she accepts his offer / in the end. //

④ Working alone / on a real estate case, // Erin meets a client, / Donna Jensen, / in Hinkley. // Donna tells Erin // that Pacific Gas & Electric (PG&E) / is offering / to purchase her house, // but she does not / want to move out. // Through the conversation, / Erin learns / that Donna and her husband / have some medical problems, // and for some reason / PG&E pays for / the doctor visits and health checkups / for Donna's family. // Donna says / it is because of the chromium / used at the PG&E plant, // but for Erin, / this does not add up. //

⑤ To find out more / about the chromium, // Erin visits a toxicologist / at the university. // She learns that chromium-six, / or hexavalent chromium, / is toxic // and causes / a number of diseases / and health problems, // such as chronic headaches, / heart failure, / and many types of cancer. // The toxicologist advises Erin / to do some research / at the regional water board // to learn about water-related problems. // Erin investigates / at the water board // and makes a copy / of some documents // indicating that PG&E is implicated / in the pollution in Hinkley. // When Erin returns / from her investigation, // she gets fired / for leaving the office / without notifying anybody. // Ed tells her / that this law firm / is not the right place / for her. //

A. Silent Reading

Step 1 ★ 短い区切り(/)ごとに、英語の語順のまま意味を理解しながら、黙読してみましょう。

Step 2 ★★ 先ほどより長い区切り(//)に挑戦してみましょう。前に戻らないで意味がつかめますか？

Step 3 ★★★ 段落ごとにまるごと流し読みをしてみましょう。場面が頭に浮かびますか？

B. Read Aloud

Step 1 ★ 短い区切り(/)ごとに、正しい発音で声を出して読んでみましょう。2度目はRead and look upの手法を用いて、読むときは文字を見ないで言ってみましょう。

Step 2 ★★ 先ほどより長い区切り(//)に挑戦してみましょう。Read and look upでもできますか？

Step 3 ★★★ 段落ごとに物語を語るように読んでみましょう。正しいイントネーションで読めますか？

C. Production

Step 1 ★ 先生から配られた和英対照訳を見ながら、フレーズごとに暗唱してみましょう。

Step 2 ★★ Step 1をつなげて、センテンス単位で暗唱してみましょう。

Step 3 ★★★ 本文の英語を使って、次の質問に答えてみましょう。

(1) Why does Erin get upset?

(2) Why does Ed give Erin a piece of advice?

(3) Why does George offer to babysit for free?

(4) What does Erin learn from the meeting with her client Donna Jensen?

(5) Why does Erin get fired when she returns from her investigation?

To Infinity…and Beyond! ★★★★

各段落のあらすじを、英語で再現してみましょう。

(1) エリンの自宅の隣にバイク乗りのジョージが引っ越してくる。エリンはバイクの騒音に驚き、そしてジョージとの会話には興味がない。

(2) 職場でエリンは、上司から服装を考え直すように言われる。服装が派手すぎるために、彼女は法律事務所の同僚とうまくやっていくことができない。

(3) エリンは、ベビーシッターが子供たちの世話をきちんとしていないことに気付く。ジョージが無料でベビーシッターを申し出、エリンはその申し出を受ける。

(4) 不動産の案件に一人で取り組むエリンは、依頼人の家族が健康問題を抱えていることに気付く。六価クロムが原因であるらしいことが分かる。

(5) エリンは大学の専門家を訪れ、六価クロムが多くの病気の原因となることを学ぶ。調査から戻ると、エリンは無断欠勤とみなされ、仕事を解雇される。

学習クリニック

プロソディー — 英語の音声特徴 —

映像と共に様々なシチュエーションの会話をナチュラルスピードで聴き、学習できることが語学学習素材としての映画の魅力の一つです。会話のリスニングに関しては、個別の単語の発音だけではなく、会話全体を通しての強勢、抑揚、間、声の大きさや速さなどにも注意を向けてみましょう。

文章や談話レベルでの音声特徴のことをプロソディー（prosody: 韻律）と呼び、コミュニケーションではとても重要な役割を果たしています。例えば、Yes か No で応えられる疑問文の文末が上昇調（rising tone）になっていないと、質問をされているかどうかピンときません。逆に、疑問詞で始まる疑問文の文末が下降調（falling tone）になっていないと、とても不自然に聞こえます。

また、一般的に文の中でアクセントが置かれるのは、名詞や動詞のようにその単語自体に意味のある内容語（content word）であり、a や the のような冠詞や to や in のような前置詞、代名詞のような機能語（function word）にはアクセントが置かれません。さらに、情報を列挙する時や、相手に話を続けて聞いてほしい時には文末を下降調にして言い切るのではなく、水平調や軽い上昇調にして、まだ自分の話が終わっていないことをイントネーションで表すこともよく観察されます。

これらの基本的なイントネーションやアクセントのパターンはもちろん、特に対人の会話では、伝えたいメッセージや気持ちが適切なプロソディーを伴っていないと思わぬ誤解を生むことにもなりかねません。英語での表現力を伸ばすためにも、話者の気持ちが音声面にどのように表れているのか気を付けて聴いてみましょう。

Story 2 では、エリンが様々な場面で「ありがとう」と言っていますが、英語の表現もプロソディーも場面と相手によって少しずつ違います。水質管理局を訪問した際には、略式ではない表現を用いて少し誇張して感謝の気持ちを表しているのが、音声面にも表れているのがわかるでしょう。

カタカナ発音での棒読みによるミスコミュニケーションを避けるためにも、リスニング学習の時間を十分にとり、シャドーイングなどで実際に声に出して英語の表現力を磨いていきましょう。

1. Story 2 の中でエリンが何度「ありがとう」と言っているか数えてみよう。それぞれの表現と音声特徴の差について考えてみよう。
2. 自分の好きな映画（DVD）から気になるセリフを選んでその音声特徴（間の取り方、声の大きさ、早さ、アクセントが置かれている単語 etc.）について観察してみよう。

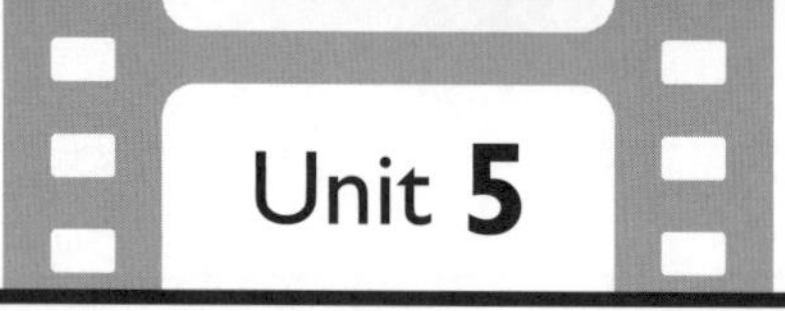

Audio-Visual Learning

Meeting a New Neighbor (0:16:37 - 0:18:58)

First Viewing

英語字幕で観ながら、場面観察をしてみましょう。

(1) ジョージは自己紹介を「やり直す」という意味で何と言っていますか？
(What does George say when he wants a second chance at introducing himself?)

(2) エリンは、ジョージに名前を伝える代わりに自分のことをどんな人だと言っていますか？
(Instead of telling George her name, how does Erin describe herself?)

(3) ジョージは申し訳ないという気持ちを伝えるために "I'm sorry" 以外でどんな表現を使っていますか？
(Besides "I'm sorry,"what else does George say to express his apologies?)

(4) 電話番号を尋ねたジョージに対して、エリンは電話番号以外のどんな数字を伝えますか？
(When George asks Erin for her phone number, what other numbers does she tell him?)

(5) ジョージはどういう意味で、"You're dead wrong about that zero thing." と言っていますか？
(What does George mean when he says, "You're dead wrong about that zero thing"?)

Special Terms

bank account［商］銀行口座　bank balance［商］銀行残高（balance は「差引残高、差額」の意。cf. balance sheet 貸借対照表）

Sound Focus

DL 13 ~ 17　CD 22 ~ CD 26

（1）～（5）の音声を聞き、音の変化に注意して、空所に入る語句を書き取ってみましょう。

(1) If you (　　　) (　　　) (　　　) (　　　) (　　　) or some cream …

(2) (　　　) (　　　) (　　　) take you out to dinner?

(3) I do (　　　) (　　　) (　　　).

(4) You (　　　) (　　　) (　　　) girl?

(5) I already (　　　) (　　　) (　　　).

口語表現 ティップス

Damn

形容詞の damn は、「ひどい、とんでもない」という意味ですが、良い意味を強調して「ものすごい」という場合にも用いることがあります（詳しくは、66 ページのコラム「罵り言葉」を参照）。

Scene 1 初対面の隣人 (0:16:37 - 0:18:58)

Second Viewing

空所に適語を補って状況表現を完成させた後で、もう一度字幕なしで観て、どのくらい理解できるか確認してみましょう。

(1) ちょっと待ってください。
( ) ( ) there.

(2) そういうのは止めてくれよ。
Don't be ( ) ( ).

(3) 私があなたをディナーに誘うのはどうですか？
Why don't I ( ) you ( ) to dinner?

(4) 逃げられないよ。
You can't ( ) ( ).

(5) どうやったら口座の残高がパッと思い出せるの？
How do you remember your bank balance ( ) ( ) ( ) ( ) your ( )?

Acting Out

ジョージとの出会いの場面（0:17:00-0:18:03）を参考にして、次の会話を完成させ、ペアで練習してみましょう。

A: うるさい音出して何やってんのよ？
B: えーっと、ご近所にご挨拶ってところかな。
A: そう、私がそのご近所よ。じゃあご挨拶は終わりね。
B: おい、ちょっと待ってくれよ。初めからやり直そう。僕の名前は～だ。君の名前は？
A: 私のことは、静かなのが好きな隣人だと思ってくれたらいいわ。
B: 電話番号を教えてくれたら、ちゃんと電話してデートに誘うよ。
A: 私の電話番号が欲しいですって？

Scene 2 Meeting with an Expert (0:31:20 - 0:33:02)

First Viewing

英語字幕で観ながら、場面観察をしてみましょう。

(1) エリンが専門家から学んだクロムの種類はいくつありますか？
(How many kinds of chromium does Erin learn about from the toxicologist?)

(2) 六価クロムが原因で起こりうる健康問題にはどんなものがありますか？
(What kind of health problems are caused by hexavalent chromium?)

(3) エリンは六価クロムの有害性をどう簡単に表現していますか？
(How does Erin summarize the effects hexavalent chromium has on our health?)

(4) 工場でのクロムの使用目的はなんですか？
(For what purpose is hexavalent chromium used at the factory?)

(5) 大学の専門家はなぜ "I wouldn't advertise what you're looking for, if I were you." というアドバイスをしたのですか？
(Why does the toxicologist advise Erin not to advertise what she is looking for?)

Special Terms

benign ［医］良性の、健康に害のない respiratory ［医］呼吸器の failure ［医］（臓器の）機能不全 carcinogenic ［医］発癌性の jurisdiction ［法］管轄（区） water board 水質管理局 incriminating ［法］罪になるような

Sound Focus

DL 18 ~ 22 CD 27 ~ CD 31

（1）～（5）の音声を聞き、音の変化に注意して、空所に入る語句を書き取ってみましょう。

(1) (　　　　) (　　　　) (　　　　) chromium is it?
(2) (　　　　) (　　　　) (　　　　) (　　　　) type?
(3) What (　　　　) (　　　　) (　　　　)?
(4) (　　　　) (　　　　) (　　　　) for?
(5) You (　　　　) (　　　　) (　　　　) (　　　　) find something there.

口語表現ティップス

返答表現の "Cool"

水質管理局でエリンが名乗ると、職員のスコットが "Cool." と返します。「涼しい、肌寒い」に加えて、口語表現で「かっこいい」という意味で用いられますが、他にも相手の発言に対する返答の表現として使われることがあります。「そうなんだ、いいね」という意味で "(That's) Cool." と言ったり、"How are you?" や "Are you OK?" に対して「大丈夫だ、問題ない」という意味で "(I'm) Cool." と言ったりもします。

Scene 2 専門家とのミーティング (0:31:20 - 0:33:02)

DVD 字幕なし

Second Viewing

空所に適語を補って状況表現を完成させた後で、もう一度字幕なしで観て、どのくらい理解できるか確認してみましょう。

(1) 六価クロムは、量によってはひどく害になります

Hexavalent chromium which, (　　　　　　) (　　　　　　) the amounts, can be very harmful.

(2) 繰り返し毒素にさらされることで、なんでも起こりえます。

With repeated (　　　　　　) to the toxic level, it could cause anything.

(3) DNA にも入り込むので、子供にまで問題が及びます。

It (　　　　　　) (　　　　　　) your DNA too, so you (　　　　　　) the trouble (　　　　　　) your kids.

(4) クロムは腐食を防ぐために水に含まれている。

Chromium is in the water (　　　　　　) (　　　　　　) (　　　　　　).

(5) ヒンクリーでどのような種類のクロムが使われているか、どうすれば分かりますか？

(　　　　　　) (　　　　　　) (　　　　　　) (　　　　　　) (　　　　　　) what kind of chromium they use in Hinkley?

Acting Out

エリンと大学の専門家による会話（0:31:20 - 0:33:02）のセリフ（英語）をペアで練習した後で、音声を消した映像を見ながら、日本語字幕が出たところで、それぞれのパートの英語のセリフを声に出して言ってみましょう。

字幕ウォッチング

下心でベビーシッターを申し出たわけではない、という時のジョージのセリフが、“So we don't have to worry about that. I'm so glad we got that out of the way.” です。「じゃあそのこと（男と女の関係）についてはもう心配しなくていいね。問題がなくなってうれしいよ」という意味ですが、発話の時間が短く、とても逐語訳では追いつきません。そこで、字幕では「これで話は決まった」と会話の流れを損なわないような日本語に訳されています。また、不動産買い取り案件の資料について、独自に調査をしたいエリンは上司のエドに “I just wanna make sure I'm understanding what I'm reading.” と言います。「読んでいるものを自分が理解できているか確かめておきたい」という意味ですが、字幕では前後の場面のつながりを考慮して「現地に行って確かめたいの」となっています。限られた字数で話の流れを分かりやすくする工夫がされているのが分かりますね。

ギリシャ語由来の語彙
— 数字を表す接頭辞 —

映画の中で公害の原因になっている「六価クロム」のことを英語では、chrom six または hexavalent chromium と呼んでいます。hexavalent は「6つの原子価を持っている」という意味で、hexa が6を表しており、ギリシャ語を由来としています。化学などの専門用語だけに限らず、日常で使われる一般的な語彙でもギリシャ数字を用いた単語を見つけることができます。以下、ギリシャ数字を含む主だった英単語を見てみましょう。

1. mono-　monotone（単調、モノトーン）、monopoly（独占）
2. di-　dilemma（板ばさみ、ジレンマ《二者択一での判断をせまられること》）
3. tri-　tricolor（トリコロール、3色を持った）、triathlon（トライアスロン、水泳、自転車、マラソンの3種競技）
4. tetra-　tetrapod（テトラポッド、4脚の構造物）
5. penta-　pentagon（5角形）、pentatonic（ペンタトニック、五音からなる音階）
6. hexa-　hexagon（6角形）
7. septa-　septagon（7角形）
8. octa-　octagon（8角形）、octave（オクターブ、8度音程）
9. nona-　nonahedron（9面体）、nonageneration（90代の人）
10. deca-　decade（10年間）

また、同じように数字を意味する接頭辞で、1を表す uni-（例 uniform　ユニフォーム）や2を表す bi-（例 bicycle 自転車）を持つ英単語がありますが、これらはラテン語由来の接頭辞です。

英語の語彙については、その多くがフランス語とラテン語由来のものであることが知られています。これは、11 世紀にフランスのノルマンディー公ウィリアムがイングランドを征服し、フランス語が公用語になったことが大きく影響しています。フランス語はラテン語を起源とすること、また当時学術文書ではラテン語が使われていたため、ラテン語由来の単語も多く英語に流入しました。ギリシャ語由来の単語については、ギリシャ・ローマの古典文化を復興しようとする文化運動（ルネサンス）の影響もあって英語に多くの語彙が持ち込まれたのです。

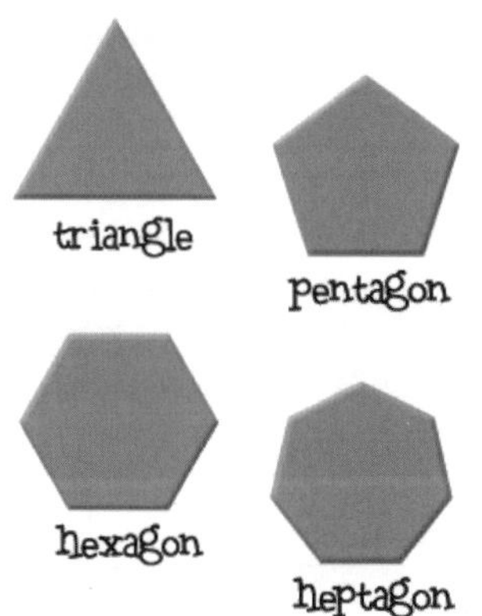

Getting Ready for the Suit

訴訟準備

"Do the right thing."

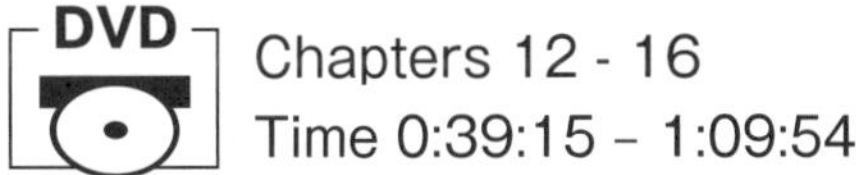

Chapters 12 - 16
Time 0:39:15 – 1:09:54

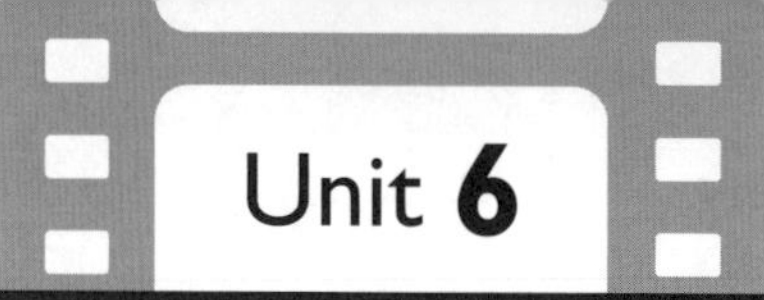

Unit 6

Reading

太字の語句に注意しながら次の文を読み、問題に答えましょう。

法律事務所で再雇用されたエリンは、水質汚染によって健康被害を受けた依頼人たちのために仕事に専念する。

DL 23 CD 32 ~ CD 36

❶ Erin gets very depressed after being fired. When Erin gets home, there are a bunch of bills waiting for her which she cannot afford to pay without a job. George happens to be at Erin's place fixing a **leak** under the **sink**. He listens **sympathetically** to Erin's worries and **cheers** her **up**. They become closer and start developing a romantic relationship.

❷ In the meantime, Ed visits Erin at home to ask her some questions about the real estate case she has been investigating. She tells Ed that PG&E uses toxic hexavalent chromium at their factory and that it may be related to the water pollution in Hinkley and the health problems of the client's family. She also explains that the company held a seminar in which they gave a **false** message about the chromium to the Hinkley **residents**. The information and documents Erin got at the water board **prove** that Erin has been working very hard alone. Ed decides to give Erin a second chance and **rehires** her with better employment conditions, including a 10 percent pay raise with **benefits**.

❸ After Ed faxes Erin's findings to PG&E, a **representative** from the company comes to Ed's office. The company makes a higher purchase offer for Donna's house, but Ed gives a point-blank **refusal**. Knowing PG&E is a huge 28 billion-dollar company, Ed gets highly motivated to take up the case. Erin's **devotion** to her work at the office gradually changes her colleagues' attitude towards her.

❹ The real estate case originally started with PG&E's offer to purchase Donna's house, but now other people in Hinkley come to Erin to talk about their pollution-related problems. Erin makes door-to-door visits to learn more about health problems among **residents** in Hinkley. She builds up a relationship of trust with the people in need. Now that Ed and Erin are aware of the **gravity** of the medical problems caused by the water pollution, they decide to file a lawsuit against PG&E. Erin devotes herself to collecting water samples around the company's factory to check for problems with water quality, even picking up a dead frog for that purpose. At first, some **residents** are reluctant to sign the **petition**, but eventually they are persuaded by Ed and Erin to go along with the lawsuit against PG&E.

❺ One night, Erin receives a threatening call at home, but she does not get discouraged. Erin is absorbed in her work and does not have enough time to spend with her children. George is getting worried about her **obsession**. As Erin makes progress in her work, relations with her children and George become increasingly strained.

Notes

[1] a bunch of bills 請求書の束　[17] point-blank きっぱりとした　[23] people in need 困っている人々　[30] a threatening call 脅迫電話　[33] strained 緊迫した、ぎくしゃくした

Vocabulary Check

次の語句の意味を、選択肢の中から選びましょう。

1. leak ( )	**6.** resident ( )	**11.** refusal ( )
2. sink ( )	**7.** prove ( )	**12.** devotion ( )
3. sympathetically ( )	**8.** rehire ( )	**13.** gravity ( )
4. cheer ~ up ( )	**9.** benefits ( )	**14.** petition ( )
5. false ( )	**10.** representative ( )	**15.** obsession ( )

a. 重要性	b. 流し台	c. 再雇用する	d. ～を元気づける	e. 嘘の・誤った
f. 拒否・拒絶	g. (水)漏れ	h. 証明する	i. 執念・執着	j. 代理人
k. 手当・福利厚生	l. 献身	m. 同情的な態度で	n. 訴状	o. 住民

Grasping the Outline

本文の情報を、映画の該当部分と照合しながら段落ごとに表にまとめてみましょう。「場所・場面」「登場人物」「その他」それぞれの（　　）に当てはまる語を各選択肢から選びましょう。

段落	場所・場面	登場人物	その他
選択肢	**kitchen, factory, Hinkley**	**residents, children, colleagues, representative**	**offer, problems, visits, employment, worries, dead frog, threatening, leak**
❶	Erin's house in the (1 　　　)	Erin, George	a (2 　　　) under the sink
❷	Erin's house	Erin, Ed Masry	Erin's negotiation skills Better (3 　　　) conditions
❸	Ed Masry's law firm	Erin, Ed, a (4 　　　) from PG&E, Erin's (5 　　　) at the law firm	Turning down PG&E's (6 　　　), $28-billion company
❹	residences in (7 　　　) PG&E (8 　　　)	Erin, Ed, Donna, other clients, (9 　　　) in Hinkley	door-to-door (10 　　　) pollution-related (11 　　　) picking up a (12 　　　)
❺	Erin's house	Erin, George, Erin's (13 　　　)	a (14 　　　) call George's (15 　　　)

Vocabulary in Use

A. 下線部の語句の同意語句(≒)または反意語句(⇔)を、選択肢の中から選びましょう。

(1) Erin gets very <u>depressed</u> after being fired.

≒ ① tired ② unhappy ③ delighted

(2) Hexavalent chromium is <u>related</u> to the water pollution in Hinkley.

≒ ① independent ② connected ③ announced

(3) Ed <u>refuses</u> the offer point blank.

⇔ ① announces ② ignores ③ accepts

(4) Some residents <u>are reluctant to</u> sign the petition.

⇔ ① are willing to ② do not want to ③ are accustomed to

(5) Erin does not get <u>discouraged</u>.

⇔ ① exhausted ② motivated ③ informed

B. 本文を参考にして、次の日本語の意味に合うように、英文の空所に適語を補充しましょう。

(1) 仕事がなくては、請求書の支払いができません。

I ( ) ( ) ( ) pay bills without a job.

(2) 会社は説明会を開きその地域の住民を招待しました。

The company ( ) ( ) ( ) and invited residents in the area.

(3) 彼は書類をファックスで彼女に送りました。

He ( ) the document ( ) her.

(4) 助けを必要としている人たちを支援しなければなりません。

We have to support ( ) ( ) ( ).

(5) 子供たちと過ごす時間が充分ありません。

I do not have ( ) ( ) ( ) ( ) with my children.

Grammar for Production

Now には接続詞としての用法があります。状況や事情が変わったことを説明するために [Now that ~ , …] という形で用い、「~なので…だ」という理由を表します。

例にならって、now that を用いて二つの文を組み合わせてみましょう。

(例) Now that you are in charge of the project, you have to take responsibility.

(1) 自由な時間が充分ある enough free time ／バイトを探す look for, part-time job

(2) 期末試験が全部終わる final exam, over ／自由だ free

(3) 君がそんなひどい事をしたと認めた have admitted ~ing, such a terrible thing ／ これ以上手伝いはできない help, any more

語法・文法ティップス

「たまたま～する、偶然～する」という意味を伝えるには［happen to＋動詞］という表現を用います。リーディング本文では、解雇されたエリンが昼間に帰宅すると、偶然ジョージがそこにいたという状況を示すために happen to が使われています。この表現を用いて、例えば、"He is just a friend who happens to be a boy."（たまたま男というだけで、ただの友達です）というような言い回しをすることもできます。また、同じ表現を疑問文で用いると「ひょっとして、もしかして」という意味になります。エリンの調査についてエドが質問をするシーン [0:45:04] では、"You didn't happen to make a copy?"（もしかしてコピーをとったりはしてないかな？）という一言があり、期待しすぎてはいけないというエドの心情をセリフから汲み取ることができます。

Phrase Reading Exercise

次は 32 ページの英文に区切りを入れたものです。次ページの指示に従って読んでみましょう。

① Erin gets very depressed / after being fired. // When Erin gets home, // there are a bunch of bills / waiting for her // which she cannot afford to pay / without a job.// George happens to be / at Erin's place / fixing a leak under the sink. // He listens sympathetically / to Erin's worries / and cheers her up. // They become closer / and start developing / a romantic relationship. //

② In the meantime,/ Ed visits Erin at home / to ask her some questions // about the real estate case / she has been investigating.// She tells Ed / that PG&E uses / toxic hexavalent chromium / at their factory // and that it may be related / to the water pollution / in Hinkley // and the health problems / of the client's family. // She also explains / that the company held a seminar // in which they gave / a false message about the chromium / to the Hinkley residents. // The information and documents / Erin got at the water board / prove // that Erin has been working / very hard alone. // Ed decides / to give Erin a second chance // and rehires her / with better employment conditions, / including a 10 percent pay raise / with benefits. //

③ After Ed faxes Erin's findings / to PG&E, // a representative from the company / comes to Ed's office.// The company makes / a higher purchase offer / for Donna's house, // but Ed gives / a point-blank refusal. // Knowing PG&E / is a huge 28 billion-dollar company, // Ed gets highly motivated / to take up the case.// Erin's devotion to her work / at the office // gradually changes / her colleagues' attitude towards her. //

④ The real estate case / originally started with PG&E's offer // to purchase Donna's house, // but now other people in Hinkley / come to Erin // to talk about / their pollution-related problems. // Erin makes door-to-door visits // to learn more about health problems / among residents in Hinkley. // She builds up / a relationship of trust / with the people in need. // Now that Ed and Erin / are aware of the gravity / of the medical problems // caused by the water pollution, // they decide to file a lawsuit / against PG&E. // Erin devotes herself / to collecting water samples / around the company's factory // to check for problems / with water quality, // even picking up a dead frog / for that purpose. // At first, / some residents are reluctant / to sign the petition, // but eventually / they are persuaded / by Ed and Erin // to go along with the lawsuit / against PG&E. //

⑤ One night, / Erin receives / a threatening call at home, // but she does not / get discouraged. // Erin is absorbed / in her work // and does not have enough time / to spend with her children. // George is getting worried / about her obsession. // As Erin makes progress / in her work, // relations with her children and George / become increasingly strained. //

A. Silent Reading

Step 1 ★ 短い区切り(/)ごとに、英語の語順のまま意味を理解しながら、黙読してみましょう。

Step 2 ★★ 先ほどより長い区切り(//)に挑戦してみましょう。前に戻らないで意味がつかめますか？

Step 3 ★★★ 段落ごとにまるごと流し読みをしてみましょう。場面が頭に浮かびますか？

B. Read Aloud

Step 1 ★ 短い区切り(/)ごとに、正しい発音で声を出して読んでみましょう。2度目はRead and look upの手法を用いて、読むときは文字を見ないで言ってみましょう。

Step 2 ★★ 先ほどより長い区切り(//)に挑戦してみましょう。Read and look upでもできますか？

Step 3 ★★★ 段落ごとに物語を語るように読んでみましょう。正しいイントネーションで読めますか？

C. Production

Step 1 ★ 先生から配られた和英対照訳を見ながら、フレーズごとに暗唱してみましょう。

Step 2 ★★ Step 1をつなげて、センテンス単位で暗唱してみましょう。

Step 3 ★★★ 本文の英語を使って、次の質問に答えてみましょう。

(1) What is George doing at Erin's place?
(2) Why does Ed visit Erin at home?
(3) What makes Ed rehire Erin?
(4) Why does a representative from PG&E come to Ed's office?
(5) For what purpose does Erin pick up a dead frog?

To Infinity…and Beyond! ★★★★

各段落のあらすじを、英語で再現してみましょう。

(1) エリンは解雇されてひどく落ち込む。ジョージは彼女を元気づけ、二人は恋愛関係になる。
(2) エドはエリンが一生懸命働いていたことを知り、よりよい条件で彼女を再雇用することにする。
(3) エドは、PG&E社の代理人による申し出を拒絶する。エリンの仕事に対する熱心さが、同僚たちの彼女に対する態度を変える。
(4) エリンは住民との信頼関係を築く。汚染問題の重大性を知ったエドとエリンは訴訟を起こすことを決める。
(5) エリンは仕事に夢中になり、子供たちと過ごす時間が充分に取れない。子供たちやジョージとの関係はぎくしゃくするようになる。

学習クリニック

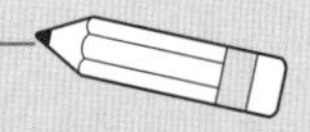

音声変化

Story 2の学習クリニックでは、談話全体のプロソディーの重要性について触れました。リスニングやスピーキングの実力を伸ばすためにも、英語の音声特徴について、細部に注意してもう少し踏み込んで見てみましょう。

英語には日本人学習者が苦手とする音声上のポイントがいくつかあります。ディクテーションやシャドーイングなどの演習を行う際に気をつけたい主な点として以下のようなものがあります。

◆ Linking（連結）

ひとまとまりのフレーズの中で、単語の語末が子音で終わり、続く単語の語頭が母音で始まる場合、語末の子音と語頭の母音がつながって聞こえます。

例：**Keep on**（続ける）、**take a break**（休憩する）

◆ Deletion（脱落）

語末と語頭が同じ子音の場合、音の脱落がおこり、語末の子音は聞こえにくくなります。

例：**sa(me) member**（同じメンバー）、**enou(gh) food**（十分な食料）

また、/t/（無声音）と /d/（有声音）などの音が隣り合った場合にも脱落が起こります。

例：**nex(t) day**（翌日）、**goo(d) time**（楽しい時間）

◆ Assimilation（同化）

単語の語末音と続く単語の語頭音が影響し合い、別の音に変化したように聞こえます。

例：**would you**（/d/+/j/ = /ʤ/），**last year**（/t/+/j/ = /tʃ/）

また、口語で want to が wanna/wάnə/、going to が gonna/gənə/ となるのも同化です。

◆ その他

映画ではこれらの他にも、母音に挟まれた /t/ が /r/ のように発音される弾音化（例：water, shut up）など、面白い現象がいろいろ見られますので、授業の中で確かめてみましょう。

自習課題

映画の中から自分の好きなセリフを一箇所選んで、連結、脱落、同化などが起こっているかどうか確認してみましょう。そして自分でそのセリフをオリジナルのように再現できるように声に出して演習してみましょう。

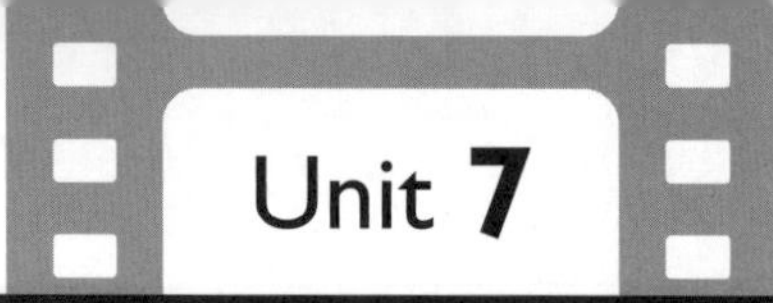

Audio-Visual Learning

Getting Rehired (0:42:40 – 0:46:20)

First Viewing

英語字幕で観ながら、場面観察をしてみましょう。

(1) エドがエリンの家を訪問するきっかけとなったのは何ですか？
(What brought Ed to visit Erin's place?)

(2) エドにとってエリンの印象はどのようなものですか？
(What impression of Erin does Ed have?)

(3) エリンは請求書がたくさんあることをどのように表現していますか？
(How does Erin describe a bunch of bills she received?)

(4) エドはどういう意味でエリンに "I'm drawing the line." と言っていますか？
(What is Ed's intention, when he says to Erin, "I'm drawing the line"?)

(5) なぜ PG&E 社は、依頼人であるジェンセン夫妻の家を買い上げたがっているのですか？
(Why does PG&E have to purchase the Jensens' house?)

Special Terms

slim pickings［俗］わずかな収入　get laid［俗］性交する　parts per million (ppm)［科］百万分率　extortion［法］ゆすり　pigsty［略式］散らかった場所　tumor［医］腫瘍（しゅよう）　Hodgkin's (lymphoma)［医］（悪性リンパ腫の一種である）ホジキンリンパ腫　boobs［俗］乳房

Sound Focus

DL 24 ~ 28　CD 37 ~ CD 41

（1）～（5）の音声を聞き、音の変化に注意して、空所に入る語句を書き取ってみましょう。

(1) I (　　　　　) (　　　　　) (　　　　　) (　　　　　) this afternoon.

(2) (　　　　　) (　　　　　) (　　　　　) assume that?

(3) (　　　　　) (　　　　　).

(4) They (　　　　　) (　　　　　) (　　　　　) residents.

(5) Could I have (　　　　　) (　　　　　) (　　　　　) (　　　　　)?

口語表現 ティップス

Get this. They had a seminar.

日本語字幕では省略されていますが、強調して伝えたいことや重要な情報の前に「(これから言うことを) よく聞いて」という意味で "Get this." と前置きをすることがあります。

Scene 1 再雇用 (0:42:40 – 0:46:20)

Second Viewing

空所に適語を補って状況表現を完成させた後で、もう一度字幕なしで観て、どのくらい理解できるか確認してみましょう。

(1) それがガンの原因となっているかもしれない。
It could (　　　　　　) (　　　　　　) (　　　　　　) the cancer.

(2) 彼女は会社から電話をもらいました。
She (　　　　　　) (　　　　　　) (　　　　　　) from the company.

(3) 彼女は入退院を繰り返しています。
She is (　　　　　　) (　　　　　　) (　　　　　　) of the hospital.

(4) 一方のことと他方のことはまったく関係がない。
One thing (　　　　　　) (　　　　　　) (　　　　　　) (　　　　　　) (　　　　　　) the other.

(5) 福利厚生については後ほど話しましょう。
We'll (　　　　　　) (　　　　　　) benefits (　　　　　　).

Acting Out

エリンとエドの話し合いの場面（0:44:20-0:45:25）を参考にして、次の会話を完成させ、ペアで練習してみましょう。

A: ひょっとして書類をコピーしていないかな？
B: どの書類のことを言ってるの？
A: 倉庫で君が見つけた書類のことだよ。
B: もちろんコピーしたわよ。
A: それを見せてもらうことはできるかな？
B: ボーナスがもらえるならね。
A: いつもこんなやり方なの？
B: こんなやり方って？
A: ゆすりだよ！

Scene 2 Negotiation with Clients (0:57:33 - 1:00:11)

First Viewing

英語字幕で観ながら、場面観察をしてみましょう。

(1) エドのセリフ "Let the cat out of the bag." はどういう意味ですか？
(What does Ed mean when he says, "Let the cat out of the bag"?)

(2) なぜ PG&E 社は、ヒンクリーの住民に水質が完璧ではないことを伝えたのですか？
(Why did PG&E tell people in Hinkley that the water there is not perfect?)

(3) エドは水質汚染に関する情報をどのような目的で使うつもりですか？
(For what purpose is Ed going to use the information about the water pollution?)

(4) エリンは弁護士報酬について説明するときに、エドのことを何と呼んでいますか？
(What does Erin call Ed when she explains about Ed's fee?)

(5) なぜ依頼人たちはエドの弁護士報酬に納得したのですか？
(Why do clients decide to accept Ed's fee?)

Special Terms

statute of limitations［法］時効・出訴期限法　bundt cake［料理］（リング状の型を使って焼く）バントケーキ

Sound Focus

DL 29 ~ 33　CD 42 ~ CD 46

(1) ~ (5) の音声を聞き、音の変化に注意して、空所に入る語句を書き取ってみましょう。

(1) I (　　　　) (　　　　) (　　　　).

(2) Why not just keep quiet (　　　　) (　　　　)?

(3) (　　　　) (　　　　) (　　　　) (　　　　) (　　　　), you have only one year.

(4) (　　　　) (　　　　) in the clear forever.

(5) You've (　　　　) (　　　　) (　　　　) (　　　　) me.

口語表現 ティップス

Boy, do I know how you feel.

エドの弁護士報酬の額を聞いて尻込みする依頼人に気付いたエリンのセリフです。この Boy には、「男の子」の意味はなく、「わあ、まあ」のような驚きや感嘆を表します。エリンは、少し大げさに依頼人たちに共感してみせることで、うまく注意を引いています。

Scene 2 依頼人との交渉 (0:57:33 - 1:00:11)

Second Viewing

空所に適語を補って状況表現を完成させた後で、もう一度字幕なしで観て、どのくらい理解できるか確認してみましょう。

(1) なぜそのことについてわざわざ我々に伝えたりするのだろう？
Why would they (　　　　) (　　　　) anything about it to us at all?

(2) 彼らが私たちに伝えたのは一年以上前です。
It was (　　　　) (　　　　) (　　　　) (　　　　) (　　　　) that they told us.

(3) 彼らは、ひどい訴訟に巻き込まれたということではない。
They're not (　　　　) (　　　　) an ugly lawsuit.

(4) 彼らがやる事といえば、少しばかり土地を買うだけなのです。
(　　　　) (　　　　) (　　　　) (　　　　) is buying a little property.

(5) 私の費用は、みなさんが受け取る金額がいくらであっても、その 40% です。
My fee's 40 percent of (　　　　) (　　　　) (　　　　) awarded.

Acting Out

エリンとエドが弁護士契約の説得をする場面（0:57:33-1:00:11）のセリフ（英語）をグループで練習した後で、音声を消した映像を見ながら、日本語字幕が出たところで、それぞれのパートの英語のセリフを声に出して言ってみましょう。

字幕ウォッチング

法律事務所を解雇されてしまったエリンの家のドアベルが不意に鳴った時のセリフが "Maybe that's Ed McMahon."（エド・マクマホンかもしれない）です。エド・マクマホン（1923-2009）はアメリカの有名なテレビの司会者で、多くの番組やコマーシャルに出演していたため、テレビの懸賞の代名詞として使われています。人名、社名、商品名などは訳しても伝わらないことが多いため、ここでは「懸賞に当選した知らせかもよ」という日本語字幕になっています。懸賞の当選ではなく、元上司のエドだったことが分かると、「同じエドでも違う方のエドだった」ということで、エリンは "Wrong Ed."（違うエドね）と言っています。懸賞に絡めて意味を損なわないように「大ハズレ」という字幕にしたのは名訳といえるでしょう。

Who is 'David'?
（「ダビデ」って誰のこと？）

巨大企業を相手にした訴訟を起こすことに難色を示すエドに向けたエリンのセリフが、"Kind of like David and what's-his-name." [1:05:14]（ダビデと名前何とかいうやつみたいね）です。個人の法律事務所が巨大企業に対して訴訟を起こすことを喩えようとしたものですが、これは旧約聖書のサムエル記に出てくるダビデとゴリアテの戦いのことを指しています。

サムエル記は、イスラエルの王政のはじまりやダビデの治世について書かれた古代ユダヤの歴史書のひとつとして旧約聖書に収められています。この中で、巨大な槍を持ち、分厚い鎧を身にまとったペリシテ軍の巨人戦士が、戦の勝利を賭けた一対一の勝負をイスラエル軍に持ちかけ挑発します。イスラエル兵たちはゴリアテに恐れをなし、誰も一騎打ちを受けることができません。そんな中、羊飼いの少年であったダビデが進み出て戦いに挑みます。鎧も身に着けず軽装のままでゴリアテに対峙したダビデでしたが、戦いが始まると、投石器で放った石をゴリアテの額に命中させて倒し、彼が勝利を収めたのです。

このダビデとゴリアテの戦いは、小さな者が一見敵わないような巨大な相手に立ち向かう喩えとしてよく用いられています。映画では、『エリン・ブロコビッチ』の他にも Rocky Ⅳ（『ロッキー 4』1985）の "It's a true case of David and Goliath."「（体格の違う相手との試合は）まさにダビデとゴリアテの戦いです」[1:10:52] や Runaway Jury（『ニューオーリンズ・トライアル』2003）の "It's been a David and Goliath battle."「（巨大企業である銃の製造会社を相手にした裁判は）ダビデとゴリアテの戦いでした」[1:58:59] などのセリフで用いられており、どちらも巨大な相手に立ち向かう描写として「ダビデとゴリアテ」が引き合いに出されています。この David は、日本語では「ダビデ」とカナ表記しますが、英語では、一般的な男性名の発音と同じで「デイビッド」と発音します。また、Goliath の発音は「ゴライアス」です。

英語字幕で確認しても意味がよく掴めないセリフは、すこし踏み込んで調べてみると英語力だけではなく、文化的、社会的な教養が身につく格好の題材になると言えるでしょう。

Four-hundred-or-so Plaintiffs

大原告団結成へ

"We're gonna get them."

DVD Chapters 17 - 20
Time 1:09:54 - 1:27:27

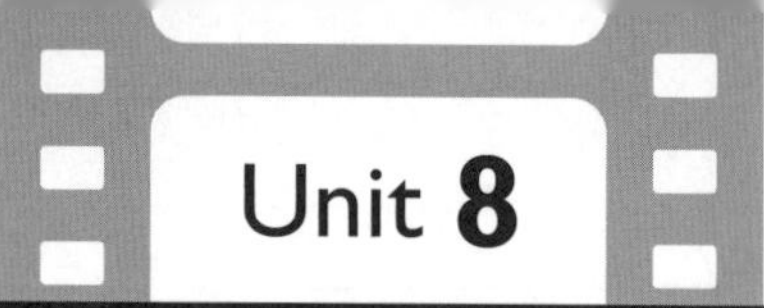

Unit 8

Reading

太字の語句に注意しながら次の文を読み、問題に答えましょう。

原告団結成へ奔走するエリン。子供たちの世話をするジョージの忍耐にも限界が。

DL 34　CD 47 ~ CD 50

❶ While driving back home, Erin learns from George that her baby Beth spoke her first words. George says, "You should've seen it," which makes Erin cry because she is seldom at home as she is getting more and more involved in the Hinkley case. Nine months later, she is still busy asking for the local people's support at the Hinkley Fair. At the fair, Erin leaves George and the children alone, making them feel **bored** and frustrated, while she gets some important information from a PG&E employee who works at the compressor station. He witnessed hexachrome, which is a **carcinogenic** substance, being used and **dumped** into ponds in the factory. The ponds did not have a **lining**, and as a result, contamination spread over a vast area in Hinkley.

❷ Still, Erin and Ed are **up against the wall**; they have no evidence that proves PG&E headquarters in San Francisco actually knew about the contamination in the factory. Without the evidence, they cannot hit the corporation with **punitive damages**. Now Erin and Ed **take a chance** by filing a lawsuit against the corporation to **provoke** a reaction. PG&E, then, submits a **demur** to the court which claims the lawsuit is **invalid**. Fortunately, the judge turns down the **demur** and supports the plaintiffs' claim.

❸ Receiving the court decision, PG&E decides to offer a **settlement** of twenty million dollars. They send their counselors to Ed's office to settle the case. Erin is **furious** about the sum of money they offer, saying it is not at all sufficient for the 400-or-so plaintiffs. What the residents really want is healthy lives without the fear of contamination. When one of the counselors picks up the glass in front of her to take a drink, Erin warns her that the water was specially brought in for them from a well in Hinkley. **Overwhelmed** by Erin's speech, the counselors end the meeting.

❹ In the meantime, George has been having a lonely time without Erin and **is fed up with** his position as a househusband. When Erin comes home, he shows her the earrings he bought for her and says he has not had an opportunity to give them to her for six months. He asks her to quit the job. Erin says she cannot quit because for the first time ever in her life, she is proud of herself for helping people and **making a difference**. Hearing this, George decides he has had enough and leaves the house. Erin has now lost her life companion.

Notes

[4] the Hinkley Fair ヒンクリーのお祭り　[11] PG&E headquarters PG&E 本社　[18] counselors 顧問弁護士
[20] 400-or-so 400 人ほどの

Vocabulary Check

次の語句の意味を、選択肢の中から選びましょう。

1. bored ( )
2. carcinogenic ( )
3. dump ( )
4. lining ( )
5. up against the wall ( )
6. punitive damages ( )
7. take a chance ( )
8. provoke ( )
9. demur ( )
10. invalid ( )
11. settlement ( )
12. furious ( )
13. overwhelmed ( )
14. be fed up with ( )
15. make a difference ( )

a. 防水シート　b. ～にうんざりしている　c. 圧倒されて　d. 懲罰的損害賠償
e. 根拠が薄い・説得力のない　f. ～を投棄する　g. 調停・示談　h. 退屈した
i. 激怒している　j. 賭けに出る　k. 引き出す・挑発する　l. 壁にぶつかっている
m.(世の中を)よくする・改善する　n. 異議・抗弁　o. 発がん性のある

Grasping the Outline

本文の情報を、映画の該当部分と照合しながら段落ごとに表にまとめてみましょう。「場所・場面」「登場人物」「その他」それぞれの（　）に当てはまる語を各選択肢から選びましょう。

段落	場所・場面	登場人物	その他
選択肢	**firm, courtroom, car, home, Fair**	**employee, counselors, George, judge, assistants**	**settlement, companion, reaction, demur, information**
❶	in the (1)	Erin, George	Beth's first words
❶	the Hinkley (2)	Erin, children, George, Ed, a PG&E (3)	important (4)
❷	Ed's office	Erin, Ed	file a lawsuit to provoke a (7)
❷	the (5)	the (6), Erin, Ed	Turn down the (8)
❸	Ed's law (9)	Erin, Ed, Ed's (10) PG&E (11)	an offer of a (12), Erin is furious, water from a well in Hinkley
❹	Erin's (13)	Erin, (14)	earrings, losing her life (15)

Vocabulary in Use

A. 下線部の語句の同意語句（≒）または反意語句（⇔）を、選択肢の中から選びましょう。

(1) Erin is getting more and more <u>involved</u> in the Hinkley case.
≒ ① detached ② disappointed ③ engaged

(2) Hexachrome was used and <u>dumped</u> into the ponds in the factory.
≒ ① carried out ② taken care of ③ thrown away

(3) PG&E submits a demur to the court which claims the lawsuit is <u>invalid</u>.
⇔ ① appropriate ② incorrect ③ true

(4) The judge <u>turns down</u> the demur. ⇔ ① approves ② denies ③ rejects

(5) The sum of money is not at all <u>sufficient</u>. ≒ ① small ② enough ③ lacking

B. 本文を参考にして、次の日本語の意味に合うように、英文の空所に適語を補充しましょう。

(1) 彼の長い演説に私たちは退屈してしまいました。
His long speech (　　　　) us (　　　　) (　　　　).

(2) 彼らは、嵐の中、山小屋を出て助けを求めるという賭けに出ました。
They (　　　　) (　　　　) (　　　　) to call for help by leaving the cabin in the storm.

(3) ジェーンは、夫が浮気したときについた嘘に激怒しました。
Jane (　　　　) (　　　　) (　　　　) the lie her husband told her when he cheated on her.

(4) 彼女は一人で子供たちを育てている自分のことを誇りに思っている。
She is (　　　　) (　　　　) (　　　　) for raising her children on her own.

(5) 世の中を良くする方法を考えて実行してみよう。
Think of an idea to (　　　　) (　　　　) (　　　　) and put it into action.

Grammar for Production

「～しておけばよかった」と、実際に行わなかったことに対して言及するときは、[should've (should have) ＋過去分詞] という構文を使います。

例にならって、「～しておけばよかった」という表現を使ってみましょう。

（例） You should've seen it.

(1) 高校生の時、もっと英単語を覚えておくべきだった。 I / learn more English words

(2) 君は、昨日のパーティに参加すればよかったのに。 You / join the party

(3) 彼を雇う前に彼の性格をよく調べておくべきだった。 We / check his personality / hire him

語法・文法ティップス

be fed up with ～ は､「～にうんざりしている」という意味の表現ですが、feed（食べさせる）という動詞の過去分詞 fed でできています。「うんざりするほど食べさせられた」というニュアンスです。I'm fed up with your excuses.（君の言い訳にはうんざりだ）のように使います。

Phrase Reading Exercise

次は 44 ページの英文に区切りを入れたものです。次ページの指示に従って読んでみましょう。

① While driving back home, / Erin learns from George // that her baby Beth / spoke her first words. // George says, / "You should've seen it," // which makes Erin cry / because she is seldom at home // as she is getting more and more involved / in the Hinkley case. // Nine months later, / she is still busy // asking for the local people's support / at the Hinkley Fair. // At the fair, / Erin leaves / George and the children alone, // making them / feel bored and frustrated, // while she gets / some important information // from a PG&E employee / who works / at the compressor station. // He witnessed hexachrome, // which is / a carcinogenic substance, / being used and dumped / into ponds in the factory. // The ponds did not / have a lining, // and as a result, / contamination spread / over a vast area in Hinkley. //

② Still, / Erin and Ed are / up against the wall; // they have no evidence / that proves // PG&E headquarters in San Francisco / actually knew about the contamination / in the factory. // Without the evidence, / they cannot hit the corporation / with punitive damages. // Now Erin and Ed / take a chance // by filing a lawsuit / against the corporation / to provoke a reaction. // PG&E, then, / submits a demur / to the court // which claims / the lawsuit is invalid. // Fortunately, / the judge turns down / the demur // and supports the plaintiffs' claim. //

③ Receiving the court decision, // PG&E decides / to offer a settlement / of twenty million dollars. // They send counselors / to Ed's office / to settle the case. // Erin is furious / about the sum of money / they offer, // saying it is not at all sufficient / for the 400-or-so plaintiffs. // What the residents really want / is healthy lives // without the fear / of contamination. // When one of the counselors / picks up the glass / in front of her / to take a drink, // Erin warns her // that the water / was specially brought in for them / from a well in Hinkley. // Overwhelmed by Erin's speech, / the counselors end the meeting. //

④ In the meantime, / George has been / having a lonely time / without Erin // and is fed up with his position / as a househusband. // When Erin comes home, // he shows the earrings / he bought for her / and says // he has not had an opportunity / to give them to her / for six months. // He asks her / to quit the job. // Erin says / she cannot quit // because / for the first time ever / in her life, // she is proud of herself / for helping people / and making a difference. // Hearing this, / George decides / he has had enough // and leaves the house. // Erin has now / lost her life companion. //

A. Silent Reading

Step 1 ★ 短い区切り(/)ごとに、英語の語順のまま意味を理解しながら、黙読してみましょう。

Step 2 ★★ 先ほどより長い区切り(//)に挑戦してみましょう。前に戻らないで意味がつかめますか？

Step 3 ★★★ 段落ごとにまるごと流し読みをしてみましょう。場面が頭に浮かびますか？

B. Read Aloud

Step 1 ★ 短い区切り(/)ごとに、正しい発音で声を出して読んでみましょう。2度目は Read and look up の手法を用いて、読むときは文字を見ないで言ってみましょう。

Step 2 ★★ 先ほどより長い区切り(//)に挑戦してみましょう。Read and look up でもできますか？

Step 3 ★★★ 段落ごとに物語を語るように読んでみましょう。正しいイントネーションで読めますか？

C. Production

Step 1 ★ 先生から配られた和英対照訳を見ながら、フレーズごとに暗唱してみましょう。

Step 2 ★★ Step 1 をつなげて、センテンス単位で暗唱してみましょう。

Step 3 ★★★ 本文の英語を使って、次の質問に答えてみましょう。

(1) Why does Erin cry when she learns Beth spoke her first words?
(2) What is the important information she gets from a PG&E employee?
(3) What evidence do Erin and Ed need to hit PG&E with punitive damages?
(4) Why is Erin furious about the settlement the counselors offer?
(5) What does George want her to do, and why?

To Infinity...and Beyond! ★★★★

各段落のあらすじを、英語で再現してみましょう。

(1) エリンは子供たちのそばにいてやれないことで悲しい思いをしているが、ヒンクリーの住民の支持を得ようと頑張っている。ヒンクリーのお祭りでも子供たちとジョージをイラつかせるが、そのかわりに PG&E 社の従業員から重要な情報を聞き出す。

(2) PG&E サンフランシスコ本社が工場での汚染について知っていたという証拠がないと、損害賠償を求めることができない。エリンとエドは相手の反応を引き出すために訴訟に打って出るが、PG&E 社は異議申し立てを提出する。幸いなことに裁判所の判事は異議申し立てを却下する。

(3) 裁判所の決定を受けて、PG&E 社は２千万ドルの和解金で調停を申し出てくる。金額が少なすぎると、エリンは調停に来た顧問弁護士たちに怒りをぶつける。

(4) ジョージは、いつもエリンがいないことに、また自分が子どもたちの世話をする主夫であることにうんざりしている。彼はエリンに仕事を辞めてくれるように伝える。人の役に立つことで生まれて初めて自分に誇りが持てているエリンは、これを断る。ジョージはもう我慢ができないと思い、エリンの家を出ていく。

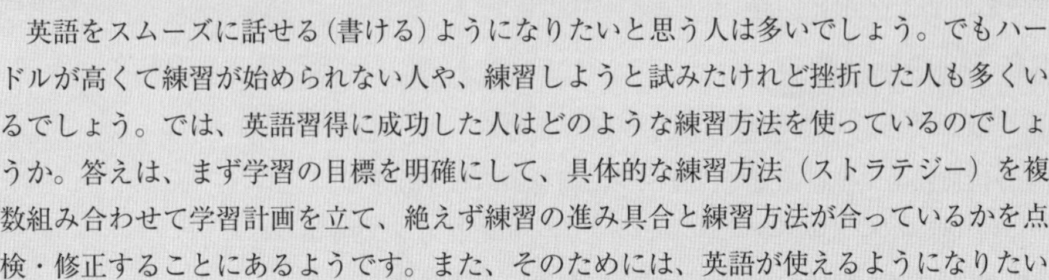

学習クリニック

英語で話す(書く)ための練習方法(1例)

英語をスムーズに話せる(書ける)ようになりたいと思う人は多いでしょう。でもハードルが高くて練習が始められない人や、練習しようと試みたけれど挫折した人も多くいるでしょう。では、英語習得に成功した人はどのような練習方法を使っているのでしょうか。答えは、まず学習の目標を明確にして、具体的な練習方法(ストラテジー)を複数組み合わせて学習計画を立て、絶えず練習の進み具合と練習方法が合っているかを点検・修正することにあるようです。また、そのためには、英語が使えるようになりたいという強いモティベーションを維持して、実際に練習を続けることも必要です。

こう書いたら、「英語が使えるようにはなりたいけど、そんなストイックにモティベーションを維持するのは無理!」とあきらめる人が多いかもしれません。それは英語が生活言語でない環境で生活している多くの日本人にとって自然なことだと思います。

私たち、この本を書いている教員も、英語学習のモティベーションを維持することの難しさを、体験から知っています。ただ同時に、映画や洋楽が好きで、それらを通して自然と英語が好きになり、学習のモティベーションを高められることも知っています。これは一つの参考になるかもしれませんね。ぜひ、映画や洋楽を好きになって、自然とやる気を持ってくれる人が増えることを願っています。

さて、モティベーションが維持できたら、自分に合った具体的な練習方法を複数持つことが大切です。その一つとして、日本語と英語の映画字幕から使えそうなセリフや「粋な」セリフを集めることをお勧めします。これは、インターネットどころかビデオもDVDもない時代から、英語学習の定番として使用されてきたストラテジーです。英語を聞くことができるのは映画館くらいしかなかった時代には、映画館にペンとノートを持っていって、表現を書き取った人がいたのです(かく言う私も、自分が使っている英語表現の多くを、どの映画〈曲〉からピックアップしたか思い出せます)。

Story 4にも、It was intense.(とても感動的だった)やCome to think of it, we had a pretty big event.(そういえば、大きなことがあったぞ)など、使える表現が満載です。語彙と表現を集めることは英語が使えるためには不可欠な作業なのです。表現を集めたら、覚えるために使ってみましょう。英語を使う機会がなければ、日記を書く、独り言を言ってみる。これも昔からあるストラテジーです。ぜひやってみてください。

自習課題

自分の好きな映画(DVD)や好きな洋楽の曲をいくつか選んで、使えそうな英語の表現、気に入った英語の表現をできるだけたくさん抜き出してみましょう。次に、会話や作文の英語の授業で、実際にそれらを使ってみましょう。

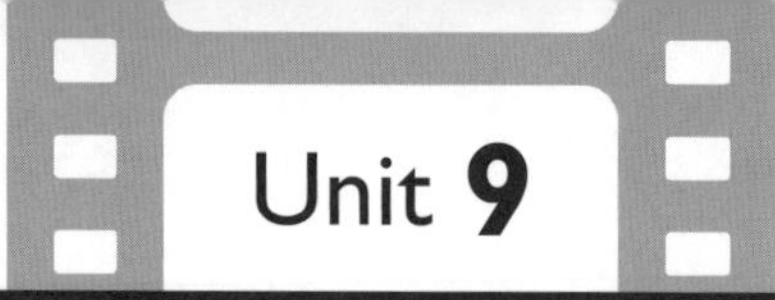

Audio-Visual Learning

Scene 1 Intense Moment (1:09:54 – 1:11:46)

First Viewing

英語字幕で観ながら、場面観察をしてみましょう。

(1) エリンは運転中に携帯電話でジョージに何を頼みますか？
(What does Erin ask George to do while she is driving?)

(2) エリンはジョージに何の話をしてほしいと言いますか？
(What does Erin want George to talk about?)

(3) ジョージのセリフにある“a pretty big event”とは何を指しますか？
(What does George mean by “a pretty big event”?)

(4) ジョージのセリフ、“It was pretty intense”. とはどういう意味ですか？
(What is the meaning of George's line, “It was pretty intense”?)

(5) ジョージのセリフ、“Our jaws just dropped”. はどのような感情を表していますか？
(What kind of emotion is conveyed by George's line, “Our jaws just dropped”?)

Special Terms

drive off the road［口語］（眠くて）道路をはずれて運転する　come to think of it［口語］そういえば　chubby［略式］ぽっちゃりした

Sound Focus

DL 35 ~ 39　CD 51 ~ CD 55

（1）～（5）の音声を聞き、音の変化に注意して、空所に入る語句を書き取ってみましょう。

(1) Keep me awake, (　　　　) (　　　　)?

(2) We (　　　　) (　　　　) sitting around at lunch.

(3) She was (　　　　) (　　　　) (　　　　).

(4) You (　　　　) (　　　　) Matthew, Katie and me.

(5) We (　　　　) (　　　　) there for like three or four minutes.

out of the blue

「突然に、思いがけなく」という意味の副詞句ですが、もともとはa bolt out of the blue（青空から稲妻）という表現が短くなったものです。中国の故事成句をもとにした「晴天の霹靂（へきれき＝雷鳴）」は、本来は「見事な筆の勢い」を表わしていますが、明治時代の文豪が、英語のa bolt out of the blueの意味として使い始めたという説があります。

Scene 1 感動の瞬間 (1:09:54 – 1:11:46)

Second Viewing

空所に適語を補って<u>状況表現</u>を完成させた後で、もう一度字幕なしで観て、どのくらい理解できるか確認してみましょう。

(1) 居眠り運転で道を外れそうよ。
I'm (　　　　) (　　　　) drive off the road.

(2) 今日はどうだったか話してくれない？
(　　　　) (　　　　) (　　　　) tell me about your day?

(3) そっちでは何かあった？
What (　　　　) (　　　　) back there?

(4) あの子はボールを指さして、「ボール」って言ったんだ。
She (　　　　) (　　　　) a ball and said, “ball.”

(5) あの子は、腕を伸ばして座っていたよ。
She was just sitting there (　　　　) her arm (　　　　).

Acting Out

エリンとジョージが電話で会話する場面（1:09:54–1:11:46）を参考にして、次の会話を完成させ、ペアで練習してみましょう。

A: とても疲れているから、オフィスで寝てしまいそう。起こしてくれる？
B: いいよ、どんな話をしてほしい？
A: そっちで何があったか話してくれる？
何か変わったことはあった？
B: そういえば、すごいことがあったよ。
A: それって何？　ねえ、早く話して。
B: トムがはいはいを始めたんだ。突然、とても速くはいはいをしたんだ。
A: それはすごい。見られれば良かったんだけど。

Breaking Up (1:24:13 - 1:26:56)

First Viewing

英語字幕で観ながら、場面観察をしてみましょう。

(1) 家に帰ってきたエリンは何に驚きますか？
(What surprises Erin when she comes back home?)

(2) エリンはジョージに “I'm sorry.” と謝りますが、何に対して謝っているのですか？
(When Erin says, “I'm sorry,” what is she apologizing for?)

(3) エリンは “I can't leave my job, George.” と言いますが、その理由は何だと言っていますか？
(What makes Erin say, “I can't leave my job, George”?)

(4) エリンが言う、“They'll understand that.” とは、どういう意味ですか？
(What does Erin mean by “They'll understand that”?)

(5) エリンのセリフ、“I won't do it.” とは、何をしないと言っているのですか？
(What does “it” mean in Erin's line, “I won't do it”?)

Special Terms

a mall［商］ショッピング・モール　sure as shit［俗］確かに　day care［福祉］（子どもを預かる）デイケア

Sound Focus

DL 40 ~ 44　CD 56 ~ CD 60

（1）～（5）の音声を聞き、音の変化に注意して、空所に入る語句を書き取ってみましょう。

(1) I (　　　　　) (　　　　　) in a mall one day.

(2) Erin, (　　　　　) (　　　　　) thinking is either you (　　　　　) find a different job or a different guy.

(3) You can just (　　　　　). People (　　　　　) (　　　　　) all the time.

(4) Please don't ask me to (　　　　　) (　　　　　) (　　　　　).

(5) Well, (　　　　　) (　　　　　) me?

You got a raise.

'get a raise' は、「昇給する」、「給料が上がる」を意味する表現です。「賃上げを要求する」は ask for a raise と言います。They asked for a big raise.「彼らは大幅な賃上げを要求した」のように使います。

決別 (1:24:13 - 1:26:56)

Second Viewing

空所に適語を補って状況表現を完成させた後で、もう一度字幕なしで観て、どのくらい理解できるか確認してみましょう。

(1) 「これだ、あのきれいな耳によく似合うだろうな」と言って、買ったんだ。
I said, "Damn, those would (　　　　　　) (　　　　　　) on those beautiful ears." So I bought them.

(2) それはどれくらい前のことだったと思う？　6か月前だ。
You know (　　　　　　) (　　　　　　) (　　　　　　) that was? Six months ago.

(3) この仕事はやめられないわ、ジョージ。
I can't (　　　　　　) (　　　　　　) (　　　　　　), George.

(4) 生まれて初めて、人から尊敬されたのよ。
For the first time in my life, I got (　　　　　　) (　　　　　　) me.

(5) これ以上、何をして証明すればいいんだ？
What more do I have to do to (　　　　　　) (　　　　　　) to you?

Acting Out

エリンがジョージを失うことになる場面（1:24:13 - 1:26:56）のセリフ（英語）をペアで練習した後で、音声を消した映像を見ながら、日本語字幕が出たところで、それぞれのパートの英語のセリフを声に出して言ってみましょう。

字幕ウォッチング

日本語字幕には様々なパターンがあります。お祭りでエリンが丁寧に言う、"I brought some stuff that I thought you guys might be interested in seeing."（ご関心をお持ちいただけるかと思う資料を持ってきました）は、字幕では「よかったら目を通して」と短く意訳されています。逆に、ドナがエリンに泣きながら訴える、"You gotta promise me that we're gonna get them." は「きっと勝って、無念を晴らすと約束して」と、英語にない情報を加えて意訳されています（下線部の動詞 get は「やっつける」～「殺す」までを表す万能動詞です。オバマ大統領がビンラディン殺害の知らせを聞いて "We got him." と叫んだのは有名です）。

Tough Guy or Househusband
（男女平等と男のイメージ）

1950年代よりフェミニズム（女性解放運動）の進展とともに、女性の地位が向上した米国では、「男女同権」という社会的な原則は厳密に守られているようです。政治家が議会の場で公然とセクハラ発言を繰り返す日本と違って、米国では社会制度としての男女平等は、日本よりはるかに保障されていると言えるでしょう。しかし「男性はたくましく、女性は家庭的であるべき」という「古い」固定観念はなくなったのでしょうか。

フェミニズムの推進力になった、「男女の差異は生まれつきのものではなく、生まれてからの育て方や教育により植えつけられる」といった考えは、1990年代に入り転換を迎えます。米国の脳科学者たちが、男女の差は脳の構造的な違いによるとの説を唱えるにつれ、「男女の違いは生まれによる」という考えも復権してきました。そのため、『話を聞かない男、地図の読めない女』（アラン ピーズ、バーバラ ピーズ 2002）のような本がベストセラーになりました。今では性差に対する意識も多様化し、化粧やファッションに凝ってますますフェミニンらしさを強調する女性たちも増えています。

ただ、性差に関する古い意識は、時に女性の地位向上を邪魔します。ヒラリー・クリントンやミッシェル・オバマに、彼女たちが有能な弁護士であるにも関わらず、良妻賢母のイメージが（特に夫の大統領選挙時に）求められたことは、公然たる事実です。米国においてでさえ、男女平等には課題がありそうです。

この映画では、ハーレーダビッドソン（有名な米国の暴走族、Hells Angelsのトレードマークのバイク）に乗るtough guyのジョージはエリンと出会い、子供の世話に専念するhousehusbandに変身します。途中、ハーレーで疾走する仲間を見てさみしくなり、「俺はもうメイドでいることが我慢できない」と言って一旦エリンの元を去りますが、再び戻ってきます。エリンとジョージは、米国での男女関係の新しいモデルを示しているのかもしれませんね。

ところでhousehusbandという語を一躍有名にしたのは、死ぬ前の5年間をニューヨークで家事と育児に専念した元ビートルズの一員であるジョン・レノンでした。

Binding Arbitration

仲裁裁判

"This is my work, my sweat, my time away from my kids."

DVD Chapters 21 - 24
Time 1:27:27 - 1:46:37

Reading

太字の語句に注意しながら次の文を読み、問題に答えましょう。

敏腕弁護士ポッターをチームに加えたエドとエリン。調停に向けて署名集めが始まる。

DL 45　CD 61 ~ CD 65

❶ Erin continues to struggle with the project without George. Erin tries to persuade one of the residents, Pamela Duncan, to be a plaintiff. Pamela once turned down Erin's offer. She still can't get over the trauma she experienced when her children became sick due to the contamination: when she brought her children to the hospital with nosebleeds, she was suspected of **abusing** them. She is still **reluctant** to get involved. Erin continues to try and persuade Pamela to join the plaintiffs.

❷ In order to make a **breakthrough**, Ed asks an **expert** lawyer, Kurt Potter, to assist them with the case. Kurt can afford to support Ed financially, too. Erin does not like Ed's decision to have Kurt on the case. Erin gets **irritated** with the situation. In order to cheer Erin up, Ed gives her a **brand-new** car and 5,000 dollars to hire a nanny.

❸ Kurt **breaks the news** to Ed and Erin: PG&E has requested that they submit to binding arbitration, which is not a regular trial with an appeal and a jury. Kurt suggests it's the best way to go. Things, however, get worse for them. Erin dislikes Theresa, Kurt's assistant lawyer, as she sounds pretty stuck-up. And actually, Theresa makes some of the plaintiffs irritated with her **insensitive** and **snobbish** attitude. Kurt also has **offended** the plaintiffs by sending them the arbitration paper, which is full of legal terms that are **incomprehensible** to them.

❹ Consequently, the plaintiffs begin to oppose the arbitration. What is worse, Ed and Kurt lack a "smoking gun" which would provide clear evidence to prove PG&E San Francisco is guilty. Now Ed and Erin have to get the plaintiffs to agree with the arbitration, which seems impossible. They are **stuck** and can't go any further.

❺ Ed and Erin **take action**. They go to the town meeting to persuade the residents. Ed tells them the arbitration is the best way. Having listened to Ed's explanation, they begin to complain one by one about the plan, saying what they want is a proper trial not the arbitration. When all the residents begin to leave the hall, Ed shouts at them that the trial may take 10 to 20 years and that some people cannot wait that long. With Ed's **desperate** persuasion, Ed and Erin eventually succeed in getting the participants' signatures for the arbitration. It turns out, however, that they are still 150 signatures **short**. Ed and Erin decide to go door-to-door to get the signatures.

Notes

[5] nosebleeds 鼻血　[11] nanny 子守・ベビーシッター　[12] submit to binding arbitration 拘束力のある仲裁裁判に応じる　[15] stuck-up 偉そうな　[18] legal terms 法律用語　[20] smoking gun 動かぬ証拠　[30] go door-to-door 戸別訪問をする

Vocabulary Check

次の語句の意味を、選択肢の中から選びましょう。

1. abuse ( )	**6.** brand-new ( )	**11.** incomprehensible ( )
2. reluctant ( )	**7.** break the news ( )	**12.** stuck ( )
3. breakthrough ( )	**8.** insensitive ( )	**13.** take action ( )
4. expert ( )	**9.** snobbish ( )	**14.** desperate ( )
5. irritated ( )	**10.** offend ( )	**15.** short ( )

a. 精通した　b. 突破口・打開策　c. お高くとまった　d. 行動を起こす
e. 知らせる・打ち明ける　f. 不足している　g. 気が進まない　h. 理解不可能な
i. 苛立っている　j. 必死の　k. ～を虐待する　l. 無神経な　m. 行き詰まっている
n. ～を怒らせる・～の気分を害する　o. 新品の

Grasping the Outline

本文の情報を、映画の該当部分と照合しながら段落ごとに表にまとめてみましょう。「場所・場面」「登場人物」「その他」それぞれの（　）に当てはまる語を各選択肢から選びましょう。

段落	場所・場面	登場人物	その他
選択肢	**Kurt Potter, Erin, Pamela, town meeting**	**residents, Pamela, Kurt Potter, Theresa**	**brand-new, irritated, arbitration, smoking gun, reluctant**
❶	([1])'s yard	Erin and ([2])	([3]) to be a plaintiff
❷	Ed's firm	Ed, ([4]), and Erin	have Kurt on the case
	([5])'s home	Erin, Beth, and delivery service man	cheer Erin up, a ([6]) car
❸	([7])'s conference room	Erin, Ed, Kurt, and ([8])	binding ([9])
	Annabelle's house	Annabelle, and her parents	some plaintiffs get ([10]) with Theresa
❹	Ed's firm	Erin, Ed, and Kurt	no ([11])
❺	the ([12])	Erin, Ed, and ([13])	desperate persuasion, 150 signatures short

Vocabulary in Use

A. 下線部の語句の同意語句(≒)または反意語句(⇔)を、選択肢の中から選びましょう。

(1) Erin tries to persuade Pamela to be a plaintiff, but she is reluctant to get involved. ⇔ ① discouraged ② willing ③ slow

(2) She still can't get over the trauma. ≒ ① increase ② realize ③ overcome

(3) Ed asks an expert lawyer, Kurt Potter, to assist them with the case. ≒ ① experienced ② incapable ③ unskillful

(4) In order to cheer Erin up, Ed gives her a brand-new car. ⇔ ① unused ② cheap ③ second-hand

(5) Theresa makes some of the plaintiffs irritated with her insensitive attitude. ≒ ① warm ② caring ③ unkind

B. 本文を参考にして、次の日本語の意味に合うように、英文の空所に適語を補充しましょう。

(1) 新品の車を買う余裕なんて、私たちにはありません。
We cannot (　　　　) (　　　　) (　　　　) a brand-new car.

(2) エリンは家中を勝手に走り回る子供たちに苛立った。
Erin (　　　　) (　　　　) with her kids running wild in the house.

(3) 彼女の夫は、会社を首になったという悪い知らせを打ち明けた。
Her husband (　　　　) (　　　　) bad (　　　　) that he had been fired by the company.

(4) 彼は無神経な発言をして、顧客の気分を害してしまった。
He has (　　　　) his client with his insensitive remark.

(5) ひどい交通渋滞の中で、彼らは何時間も身動きが取れなかった。
They (　　　　) (　　　　) for hours in a heavy traffic jam.

Grammar for Production

使役動詞 get (get+ 人 +to 不定詞) は､「人に～をしてもらう」というときに使います。同じ使役動詞の have (have+ 人 + 原形動詞) と違う点は､get は「努力して～させる」の意味合いを伴うことです。

例にならって、「(努力して) …に～してもらう」という表現を使ってみましょう。

(例) Ed and Kurt have to get the plaintiffs to agree with the arbitration.

(1) 次の日曜日に、父に車を貸してもらわなければいけない。I / lend me his car

(2) 土砂降りの中、近所の人に駅まで乗せて行ってもらった。
I / my neighbor / give me a ride / in the pouring rain

(3) 彼女は電気修理人に家まで来てエアコンを修理してもらった。
She / electrician / come and fix the air-conditioner

語法・文法ティップス

be stuck は、「張り付いている・動けない」という意味の表現ですが、stick（動詞：貼り付ける）の過去分詞 stuck からできています（変化は stick-stuck-stuck)。The door is stuck.（ドアが固くて開かない）のように使いますが、比喩的に、We are stuck in a difficult situation. のように、困った状況において「にっちもさっちもいかない」という意味でも使われます。

Phrase Reading Exercise

次は 56 ページの英文に区切りを入れたものです。次ページの指示に従って読んでみましょう。

① Erin continues / to struggle with the project / without George. // Erin tries to persuade / one of the residents, Pamela Duncan, / to be a plaintiff. // Pamela once turned down / Erin's offer. // She still can't / get over the trauma / she experienced // when her children became sick / due to the contamination: // when she brought her children / to the hospital / with nosebleeds, // she was suspected / of abusing them. // She is still reluctant / to get involved. // Erin continues / to try and persuade Pamela / to join the plaintiffs. //

② In order to make a breakthrough, // Ed asks an expert lawyer, / Kurt Potter, / to assist them with the case. // Kurt can afford / to support Ed financially, / too. // Erin does not like Ed's decision / to have Kurt on the case. // Erin gets irritated / with the situation. // In order to cheer Erin up, // Ed gives her a brand-new car / and 5,000 dollars / to hire a nanny. //

③ Kurt breaks the news / to Ed and Erin: // PG&E has requested / that they submit to / binding arbitration, // which is not a regular trial / with an appeal and a jury. // Kurt suggests / it's the best way to go. // Things, however, / get worse for them. // Erin dislikes Theresa, / Kurt's assistant lawyer, // as she sounds / pretty stuck-up. // And actually, / Theresa makes / some of the plaintiffs / irritated // with her insensitive / and snobbish attitude. // Kurt also / has offended the plaintiffs / by sending them / the arbitration paper, // which is full of legal terms / that are incomprehensible / to them. //

④ Consequently, / the plaintiffs begin / to oppose the arbitration. // What is worse, / Ed and Kurt lack / a "smoking gun" // which would provide / clear evidence to prove / PG&E San Francisco / is guilty. // Now Ed and Erin have to / get the plaintiffs to agree / with the arbitration, // which seems impossible. // They are stuck / and can't go any further. //

⑤ Ed and Erin take action. // They go to the town meeting / to persuade the residents. // Ed tells them / the arbitration is the best way. // Having listened to / Ed's explanation, // they begin to complain / one by one / about the plan, // saying what they want / is a proper trial / not the arbitration. // When all the residents / begin to leave the hall, // Ed shouts at them / that the trial may take / 10 to 20 years // and that some people / cannot wait that long. // With Ed's desperate persuasion, // Ed and Erin eventually succeed / in getting the participants' signatures / for the arbitration. // It turns out, / however, / that they are still / 150 signatures short. // Ed and Erin decide / to go door-to-door / to get the signatures. //

A. Silent Reading

Step 1 ★ 短い区切り(/)ごとに、英語の語順のまま意味を理解しながら、黙読してみましょう。

Step 2 ★★ 先ほどより長い区切り(//)に挑戦してみましょう。前に戻らないで意味がつかめますか？

Step 3 ★★★ 段落ごとにまるごと流し読みをしてみましょう。場面が頭に浮かびますか？

B. Read Aloud

Step 1 ★ 短い区切り(/)ごとに、正しい発音で声を出して読んでみましょう。2度目はRead and look upの手法を用いて、読むときは文字を見ないで言ってみましょう。

Step 2 ★★ 先ほどより長い区切り(//)に挑戦してみましょう。Read and look upでもできますか？

Step 3 ★★★ 段落ごとに物語を語るように読んでみましょう。正しいイントネーションで読めますか？

C. Production

Step 1 ★ 先生から配られた和英対照訳を見ながら、フレーズごとに暗唱してみましょう。

Step 2 ★★ Step 1をつなげて、センテンス単位で暗唱してみましょう。

Step 3 ★★★ 本文の英語を使って、次の質問に答えてみましょう。

(1) Why is Pamela Duncan reluctant to get involved in the Hinkley case?

(2) What does Ed do to cheer up Erin?

(3) What is the news Kurt breaks to Ed and Erin?

(4) Is it easy for Ed and Erin to get the plaintiffs to agree with the arbitration?

(5) What do Ed and Erin decide when they find they are still 150 signatures short?

To Infinity...and Beyond! ★★★★

各段落のあらすじを、英語で再現してみましょう。

(1) エリンは、以前申し出を断っているパメラ・ダンカンに原告になるよう説得する。パメラは児童虐待を疑われたトラウマがあり躊躇する。エリンはパメラの説得を続ける。

(2) エドは弁護士カートを迎える。カートは経済的な援助もできる。エリンはそれが気に入らなくて苛立つ。エドは新車と5千ドルをエリンに送り励ます。

(3) カートは、PG&Eが求めてきた裁判を受け入れることを提案する。事態は一層悪化する。エリンの嫌いなカートのアシスタント、テレサは無神経な発言で原告を苛つかせる。カートも難解な書類を送りつけて、原告を怒らせてしまう。

(4) 原告たちは仲裁に反対し始める。その上、エドたちにはPG&E本社の有罪を証明する決定的な証拠がない。彼らは仲裁のために原告たちの同意集めが必要だが、不可能に思える。彼らは壁にぶつかる。

(5) エドとエリンは、市民集会で説得行動に出る。仲裁に反対し、帰りかけた住民たちにエドは、裁判なら10～20年かかり待てない人が出ると叫ぶ。2人はなんとか参加者たちの署名を得るが、まだ150人分足りない。2人は戸別訪問を決意する。

学習クリニック

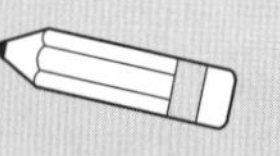

英単語を覚える方法（語彙学習ストラテジー）

単語を覚えるには、一つの方法（ストラテジー）に頼るのではなく、複数の方法を使って覚えることがコツです。そのことを Story 5 の Reading をもとに説明しましょう。

最も使用されるストラテジーは、「何度も言いながら、何度も書く」だと思いますが、これには危険が潜んでいます。間違えた発音をしながら覚えると、逆に単語習得力を低下させることになります。「正確に発音しながら覚える」を実践しましょう。正しい発音はスペルを覚える手掛かりともなります。例えば「ボキャブラリ」とカタカナで発音すれば、下線部のスペルが b か v か、l か r か区別がつきません。They lack a smoking gun. の lack（～が不足している）という語を「ラック」とカタカナ発音すると、lack と luck（運）の違いが分からなくなります。lack (/æ/ は「エ」に近く) と luck (/ʌ/ は「ア」よりも軽く発音する) を正確に発音し分けると混同がなくなります。また正しく発音すれば実際に使える語彙となります。Signature（署名）という語を「シグ**ネイ**チャー」と間違えて覚える人がいますが、それでは意味が通じません。/**sí**gnətʃər/ と /**sí**/ に強勢を置いて発音して通じる語彙となります。映画は音声を利用して語彙学習ができる最適の教材です。発音をまねながら語彙を覚えましょう。

他のストラテジーには、「語源や語の成り立ちを利用する」があります。例えば、abuse（～を虐待する）を辞書で引けば、ab（本道から逸脱して）と use（～を使う・扱う）からできている（つまり「虐待や乱用する」になる）ことが分かります（abnormal の ab も同じですね）。Theresa sounds stuck-up.（鼻が高い・偉そうな）と They are stuck.（張り付いて動けない）にある stuck は stick という動詞の過去分詞ですが、もとは「棒」を表す stick からできています。「棒→突き出す→突き刺す→張り付ける」と様々な意味に広がっていきました。ほかには、語感を意識することも大切です。irritated などは、日本語の「イライラ」と語感が似ていますね。また派生語を利用して、guilty（有罪の）を覚えるときは、反意語の innocent（無罪の・無邪気な）を同時に覚えると一石二鳥です。その他、カタカナ外来語（例えば、トラウマ trauma、フラストレーション be frustrated with）を利用する、例文を利用して覚える（例えば、offend を覚えるのに、Kurt has offended the plaintiffs.「カートは原告たちを怒らせた」を暗記する）など自分に合ったいくつものストラテジーを組み合わせて使いながら、語彙力強化を目指してください。

1. Vocabulary Check の語句が正しく発音できるか確認しましょう。
2. 自分の語彙学習ストラテジーを書きだして、適切か確認しましょう。また他のストラテジーを加えるとしたら何がいいか、上にあげた例を参考にして考えましょう。

Audio-Visual Learning

Family Quarrel (1:29:18 - 1:30:45)

First Viewing

英語字幕で観ながら、場面観察をしてみましょう。

(1) エリンは運転中に息子のマシューに何をするように頼みますか？
(What does Erin ask her son Matthew to do while she is driving?)

(2) エリンのセリフ、"What's with the attitude?" とはどういう意味ですか？
(What does Erin mean by "What's with the attitude?")

(3) エリンは、"Am I alone in the car?" というセリフで、どんなメッセージをマシューに伝えようとしていますか？
(What message does Erin want to send to Matthew by her line, "Am I alone in the car?")

(4) マシューは、"All the other moms gave permission." というセリフで、どんなメッセージをエリンに伝えようとしていますか？ *(What message does Matthew want to send to Erin by his line, "All the other moms gave permission"?)*

(5) エリンのセリフ、"Don't talk to me like that." はマシューの何に言及していますか？
(What does Erin's line, "Don't talk to me like that" refer to?)

Special Terms

freakin' = damned / goddam ［俗・卑］いまいましい　figure out ［口語］自分で解決策を見出す　roller hockey ［スポーツ］ローラーホッケー　Now cool it. ［口語］「頭を冷やしなさい」

Sound Focus

DL 46 ~ 50　CD 66 ~ CD 70

（1）～（5）の音声を聞き、音の変化に注意して、空所に入る語句を書き取ってみましょう。

(1) Am I (　　　　) get the best behavior I was (　　　　) (　　　　)?

(2) I don't understand why everything (　　　　) (　　　　) (　　　　) such a big deal.

(3) I don't (　　　　) talk (　　　　) (　　　　) right now.

(4) Randy's mom said, "yes" (　　　　) (　　　　).

(5) Randy's mom doesn't (　　　　) and Randy's dad (　　　　) (　　　　) leave her.

口語表現 ティップス

a big deal（字幕では省かれている、マシューのセリフより）

「大したこと・大げさなこと」。19 世紀のアメリカにおいてポーカー・ゲームから生まれた表現です（deal は「配られたカード」の意）。Blood types are a big deal in Japan.（血液型は日本では大ごとです）とか、It's no big deal.（大したことじゃないよ）、What's the big deal?（何を大騒ぎしているの？）などのように、日常会話では頻繁に使われます。

親子げんか (01:29:18 – 01:30:45)

Second Viewing

空所に適語を補って状況表現を完成させた後で、もう一度字幕なしで観て、どのくらい理解できるか確認してみましょう。

(1) とにかく、落ち着いて、静かにしてほしいの。分かった？
I just need ( ), I need ( ). Okay?

(2) よそのママたちは、みんな許してくれたのに。
All the other moms ( ) ( ).

(3) よそのママたちが何をしようが、関係ないわ。
I ( ) ( ) what other moms do.

(4) 私に向かってなんて言葉を使うの。
Don't talk to me ( ) ( ).

(5) ランディのところでは、誰が誰をローラーホッケーに連れて行くか段取りが簡単なのよ。
( ) ( ) who can take who（文法的には whom が正しい）to roller hockey is easier at Randy's house.

Acting Out

エリンと息子のマシューが口げんかする場面（1:29:18 – 1:30:17）を参考にして、次の会話を完成させ、ペアで練習してみましょう。

A: 担任の先生の前では、とても行儀よくしてくれるわね。
B: 絶対いやだ。
A: なによ、その態度は。ともかく静かにしていてほしいの。
B: 僕にサマーキャンプに行く許可をくれることが、どうしてそんな大ごとなの。
A: 後で話しましょう。
B: それじゃ、いつ、その“くだらない”返事をくれるの？
A: 言葉づかいに気を付けなさい。ともかく頭を冷やしなさい。

Keeping Trust (1:39:30 - 1:40:30)

First Viewing

英語字幕で観ながら、場面観察をしてみましょう。

(1) なぜテッドはテレサに腹を立てているのですか？
(Why does Ted get angry with Theresa?)

(2) エリンは何と言ってテッドをなだめようとしますか？
(What does Erin say to Ted in order to calm him down?)

(3) テッドは、住民たちが調停についてどう感じているとエリンに言いますか？
(What does Ted say to Erin regarding how the residents feel about the arbitration?)

(4) パメラは「ヒンクリー・ニュース」への投書で何と書きましたか？
(What did Pamela write in her letter to the Hinkley News?)

(5) テッドのセリフ、"Did you?" を完全な文にしましょう。
(Add the missing part to Ted's line, "Did you?" and make it a full sentence.)

Special Terms

get to the bottom of［口語］～の原因を見つけ出す　take care of［口語］処理する、かたを付ける

Sound Focus

DL 51 ~ 55　CD 71 ~ CD 75

（1）～（5）の音声を聞き、音の変化に注意して、空所に入る語句を書き取ってみましょう。

(1) I already (　　　　　) (　　　　　) everything.

(2) I don't want (　　　　　) (　　　　　) again.

(3) He still hasn't (　　　　　) (　　　　　) (　　　　　).

(4) I'll take (　　　　　) (　　　　　) (　　　　　).

(5) Now, (　　　　　) (　　　　　) you.

口語表現 ティップス

kinda

kinda（= kind of）は表現を和らげる副詞句です。「みたいな、どちらかと言えば、まあ」などの曖昧な意味を持ちます。また sorta（= sort of）もほぼ同じ意味で使われます。ほかに、or something や something like that なども表現を曖昧にするために使われます。日本でも最近「みたいな」「いちおう」のような〈ぼかし言葉〉の使用が若者を中心に広がっていますが、どうやらこれは世界的な傾向のようです。

Scene 2 信頼をつなぐ (1:39:30 - 1:40:30)

Unit
1
2
3
4
5
6
7
8
9
10
11
12
13
14

Second Viewing

空所に適語を補って状況表現を完成させた後で、もう一度字幕なしで観て、どのくらい理解できるか確認してみましょう。

(1) テレサはあんまり温かい人じゃないけど、とてもいい弁護士だそうよ。
I know Theresa isn't (　　　　　　) (　　　　　　), but they say she's a good (　　　　　　).

(2) 彼女はどっちかと言えば高慢ちきで、アナベルが嫌がっているんだ。
She's (　　　　　　) stuck-up, and she (　　　　　　) Annabelle.

(3) エドも私もまだあなたたちの味方よ。
Ed and I are still (　　　　　　) (　　　　　　) (　　　　　　).

(4) 言いたくはないんだが、みんなはこの調停のことを嫌がっているんだ
I hate to say this, but everyone's (　　　　　　) (　　　　　　) about this arbitration thing.

(5) 俺たちに嘘はつかないでくれ。
Don't (　　　　　　) (　　　　　　) us.

Acting Out

エリンがテッドをなだめる場面（1:39:30-1:40:30）のセリフ（英語）をペアで練習した後で、音声を消した映像を見ながら、日本語字幕が出たところで、それぞれのパートの英語のセリフを声に出して言ってみましょう。

字幕ウォッチング

日本語字幕では字数制限（１秒４字）のため、しかたなく実際の発話や情報がカットされます。英語字幕（もともと視覚障害者のために付けられた）でも、一瞬で読み切れるように発話の一部が間引かれます。エリンとマシューが早口で親子げんかするシーンでは、エリンが言う、“Am I gonna get the best behavior (in the office)?”も in the office が字幕に出ません。これでは、「これから行く事務所では、おとなしくしてね」という情報が伝わりませんね。それに対してマシューが言う、“No!”や “I don't understand why everything has to be such a big deal.”「どうしてそんなに大騒ぎしなきゃならなんだ」というセリフは完全にカットされています。実際の映画台本が手に入る場合は、読み比べてみるのも面白いでしょう。隠れた情報が見つかる場合もたくさんあります。

Swearword
(罵り言葉)

ともかくこの映画では、主人公のエリンがのべつ幕なしにswearword（罵り言葉)、つまり「汚い言葉」を連発します。この映画が米国で公開されたときは、モデルとなった実際のエリンに苦情が寄せられたほどです。Swearing（汚い言葉で罵ること）は言語学的には興味深い現象ですが、注意しなければいけないことがたくさんあります。

Swearwordには、主に「神」「セックス」「排泄」に関する言葉が多くあり、4文字の言葉が多いのでfour-letter wordと呼ばれたりします。これらは、人を罵倒するときなどに使われますが、これらの言葉が人にショックや不快感を与えるのには理由があります。「神」に関する言葉（例えば、God damn it.）の場合は、あえて「神」という「権威」を口にすることで、「俺に怖いものなどないぞ」という強いメッセージを与えると言われています。英米ではOh my God.も「不敬」なので使うのに抵抗がある人が多くいます（Oh my goodness.に置き換える、Damn it.はDarn it.にするなど)。

続いて「セックス」と「排泄」関係の言葉ですが、これらには「それぞれの行為が行われるのにふさわしい場所」があり、あえてそれらの言葉を口に出す（「外」に出す）ことで、人にショックや不快感を与えると言われています。この映画で多用されているfuckingやshitなどが例です。

Swearwordをおおやけの場で使うことは許されません。また、swearwordが登場する映画は、米国ではPG-13（13歳未満の鑑賞には親の厳重な指導が必要）に指定されます。Swearwordには文化的な暗黙の了解もあります。マシューがエリンと口論する場面で、When can I get a freakin' answer?と、freakin(g)（fuckingの婉曲語）を使ったのは、母親に対してfuckingでは失礼だと判断したからです。それでもfreakingはswearwordに違いがないので、エリンは「なんて口を利くの」と叱ります。奥が深いですね。

日本語にはswearwordがないと言われています。「ちくしょう！」(仏教用語「畜生」)や「くそ！」など、もともとはswearwordだった言葉もありますが、今ではそれほどインパクトがありません。それだけに、私たちにはswearwordに対する表層的・深層的な理解がありません。私たちがswearwordを下手に使うと誤解を招くかもしれません。知っていることと使うことは別だと覚えておきましょう。

Settlement

終結

"Isn't my work valued in this firm?"

DVD Chapters 25 - 28
Time 1:46:37 - 2:11:04

Reading

太字の語句に注意しながら次の文を読み、問題に答えましょう。

エリンとエドはヒンクリーの住民たちの署名を集めて回る。ある夜、住民集会に来ていた男が、バーでエリンに話しかけてくる。彼はある重大な情報を握っているらしい。

DL 56 CD 76 ~ CD 80

❶ Now that Erin has to work long hours in Hinkley, she is desperate to find a babysitter. She cannot think of anyone better, so she asks George for help. George rides up to the motel where Erin and her children are staying. Erin tells George that she has **booked** a separate room for him and asks him not to take her children on his motorcycle. He asks her how long this is going to take, but Erin does not have a **definite** answer.

❷ During the day Erin and Ed go door-to-door, collecting people's signatures for the release forms. Erin stays up late to **attend to** her **backlog**. Erin is so tired that she falls asleep on the couch. In the morning, Matthew finds a plaintiff's form on the desk and notices that one of the sick people is a child of his age. He finally realizes what his mother has been doing and asks Erin if she would like eggs for breakfast.

❸ One night when Erin is at a pool bar by herself, a mysterious man speaks to her. She **becomes wary of** his **suspicious** approach and thinks that he is trying to **pick** her **up**. The man, Charles Embry, turns out to be a former employee at the Hinkley Plant in charge of destroying documents. He tells Erin that his cousin, who used to clean the cooling towers of the plant, passed away at the age of 41. He had **kidney tumors**, and his intestines were **eaten away**. Charles was told to destroy internal documents, but he kept some important memos and data about the contamination.

❹ Finally Ed and Erin get a signature from every single one of the residents. Theresa cannot believe it because she herself has tried to persuade the people in Hinkley but failed **miserably**. Theresa and Kurt are even more **dumbfounded** when they are presented with the internal documents.

❺ Erin takes George to Donna's house to show what he has helped to accomplish. Donna is astonished to hear the amount of money that the judge decided to give her. Their success story is **featured** in *Los Angeles Lawyer Magazine* and Ed is very pleased with himself. A mail carrier delivers an envelope, which contains Erin's bonus check. Ed tricks Erin and **intentionally** makes her erupt in anger by **implying** that he has reduced her bonus. However, Erin actually receives an **outrageously** large amount for her bonus — much more than she expected.

Notes

[8] release forms 譲渡契約書　[12] pool bar ビリヤードバー　[16] cooling towers 冷却塔　[16] pass away 亡くなる　[17] internal documents 内部文書　[27] erupt in anger 怒りを爆発させる

Vocabulary Check

次の語句の意味を、選択肢の中から選びましょう。

1. book ( )	**6.** suspicious ( )	**11.** dumbfounded ( )
2. definite ( )	**7.** pick ~ up ( )	**12.** feature ( )
3. attend to ( )	**8.** kidney tumors ( )	**13.** intentionally ( )
4. backlog ( )	**9.** eat away ( )	**14.** imply ( )
5. become wary of ( )	**10.** miserably ( )	**15.** outrageously ( )

a. 無残に　b. 予約する　c. ほのめかす　d. 腎（臓）腫瘍　e. 特集する　f. 怪しい
g. ナンパする・ひっかける　h. 明確な　i. 残務　j. ～を警戒するようになる
k. ～を処理する　l. 意図的に・わざと　m. べらぼうに　n. あ然とした　o. 蝕む

Grasping the Outline

本文の情報を、映画の該当部分と照合しながら段落ごとに表にまとめてみましょう。「場所・場面」「登場人物」「その他」それぞれの（　　）に当てはまる語を各選択肢から選びましょう。

段落	場所・場面	登場人物	その他
選択肢	**pool, firm, office, motel, Donna**	**Charles, Theresa, George, carrier, residents**	**judge, plaintiff, featured, motorcycle, Plant**
❶	a ([1])	Erin, George	his own room, no ([2]) ride
❷	People's houses in Hinkley	Erin, Ed, ([3]) in Hinkley	walking around door-to-door
	the motel	Erin, ([4]), Matthew, Katie, Beth	a ([5])'s form, eggs for breakfast
❸	a ([6]) bar	Erin, ([7]), patrons at the bar, Matt	Hinkley ([8]), destroying documents
❹	Kurt Potter's law ([9])	Erin, Ed, Kurt, ([10]), some assistants	internal documents, contamination
❺	Erin's car	Erin, George	what George helped to do
	([11])'s house	Erin, George, Donna	the ([12]) came out with a number
	Erin's ([13])	Erin, Ed, other workers, a mail ([14])	([15]) in a magazine, a check

Vocabulary in Use

A. 下線部の語句の同意語句（≒）または反意語句（⇔）を、選択肢の中から選びましょう。

(1) Erin doesn't have a <u>definite</u> answer. ≒ ① clear ② negative ③ sensible

(2) Theresa herself has tried to persuade people in Hinkley but failed <u>miserably</u>. ≒ ① sadly ② adequately ③ badly

(3) Kurt and Theresa are <u>dumbfounded</u> when they are presented with the internal documents. ≒ ① unmoved ② astounded ③ satisfied

(4) Ed tricks Erin and <u>intentionally</u> makes her erupt in anger. ⇔ ① accidentally ② purposely ③ deliberately

(5) Their success story is <u>featured</u> in *Los Angeles Lawyer Magazine*. ≒ ① restricted ② covered ③ sealed

B. 本文を参考にして、次の日本語の意味に合うように、英文の空所に適語を補充しましょう。

(1) そのレストランは、ワインにべらぼうに高い値段を請求した。
The restaurant charged an (　　　　　)(　　　　　) price for wine.

(2) 学生たちはスペルミスに気をつけるようになる。
Students (　　　　　)(　　　　　)(　　　　　) spelling errors.

(3) その医者には、診なければならない患者がたくさんいる。
The doctor has quite a few patients to (　　　　　)(　　　　　).

(4) 胃の内膜は時に酸に蝕まれる。
The stomach lining is occasionally (　　　　　)(　　　　　) by acid.

(5) 彼は美しい女性をナンパせずにはいられない。
He can't help (　　　　　)(　　　　　) beautiful women.

Grammar for Production

● so ～ that … 構文「あまりに～なので…」
…の部分に肯定文「～する」や「～できる」が用いられていると［～ enough to … 構文］と同じ意味になります。

例にならって、「あまりに～なので…」と so ～ that…構文を使って言ってみましょう。

（例）Erin was so tired that she fell asleep on the couch.

(1) 寂しい lonely ／ボーイフレンドに電話をする call her boyfriend

(2) 責任感が強い responsible ／いい仕事をする do a good job

(3) たくさんお金を稼ぐ earn so much money ／新しい家を買う buy a new house

語法・文法ティップス

owe は「借りている」という意味ですが、バーカウンターの場面では、エリンがコーヒー代を払おうとして、"What do I owe you?" と聞いているので、「いくらですか」の意味になります。それに対して、マットは、"There's no charge."（お代はいいよ）と答えています。お店のおごりの場合は、"It's on the house." という言い方もあるので、ついでに覚えておきましょう。

Phrase Reading Exercise

次は 68 ページの英文に区切りを入れたものです。次ページの指示に従って読んでみましょう。

① Now that / Erin has to work long hours / in Hinkley, // she is desperate / to find a babysitter. // She cannot think of / anyone better, // so she asks George / for help. // George rides up / to the motel // where Erin and her children / are staying. // Erin tells George / that she has booked / a separate room for him // and asks him / not to take her children / on his motorcycle. // He asks her / how long / this is going to take, // but Erin doesn't have / a definite answer. //

② During the day / Erin and Ed go door-to-door, / collecting people's signatures / for the release forms. // Erin stays up late / to attend to her backlog. // Erin is so tired / that she falls asleep / on the couch. // In the morning, / Matthew finds a plaintiff's form / on the desk // and notices / that one of the sick people / is a child of his age. // He finally realizes / what his mother / has been doing // and asks Erin / if she would like eggs / for breakfast. //

③ One night / when Erin is at a pool bar / by herself, // a mysterious man / speaks to her. // She becomes wary / of his suspicious approach // and thinks / that he is trying / to pick her up. // The man, / Charles Embry, / turns out to be / a former employee // at the Hinkley Plant / in charge of destroying documents. // He tells Erin / that his cousin, // who used to clean / the cooling towers of the plant, // passed away / at the age of 41. // He had kidney tumors, // and his intestines / were eaten away. // Charles was told / to destroy internal documents, // but he kept / some important memos and data / about the contamination. //

④ Finally / Ed and Erin get a signature / from every single one of the residents. // Theresa cannot believe it // because she herself has tried / to persuade the people in Hinkley // but failed miserably. // Theresa and Kurt / are even more dumbfounded // when they are presented / with the internal documents. //

⑤ Erin takes George / to Donna's house // to show / what he has helped / to accomplish. // Donna is astonished to hear / the amount of money // that the judge decided / to give her. // Their success story is featured / in *Los Angeles Lawyer Magazine* // and Ed is very pleased / with himself. // A mail carrier / delivers an envelope, // which contains / Erin's bonus check. // Ed tricks Erin / and intentionally makes her / erupt in anger // by implying / that he has reduced her bonus. // However, / Erin actually receives / an outrageously large amount / for her bonus // — much more / than she expected. //

A. Silent Reading

Step 1 ★ 短い区切り(/)ごとに、英語の語順のまま意味を理解しながら、黙読してみましょう。

Step 2 ★★ 先ほどより長い区切り(//)に挑戦してみましょう。前に戻らないで意味がつかめますか？

Step 3 ★★★ 段落ごとにまるごと流し読みをしてみましょう。場面が頭に浮かびますか？

B. Read Aloud

Step 1 ★ 短い区切り(/)ごとに、正しい発音で声を出して読んでみましょう。2 度目は Read and look up の手法を用いて、読むときは文字を見ないで言ってみましょう。

Step 2 ★★ 先ほどより長い区切り(//)に挑戦してみましょう。Read and look up でもできますか？

Step 3 ★★★ 段落ごとに物語を語るように読んでみましょう。正しいイントネーションで読めますか？

C. Production

Step 1 ★ 先生から配られた和英対照訳を見ながら、フレーズごとに暗唱してみましょう。

Step 2 ★★ Step 1 をつなげて、センテンス単位で暗唱してみましょう。

Step 3 ★★★ 本文の英語を使って、次の質問に答えてみましょう。

(1) Why does Erin need a babysitter?

(2) What does George ask Erin?

(3) What does Matthew realize?

(4) What does Charles tell Erin about his cousin?

(5) Why does Erin take George to Donna's house?

(6) Why does Erin erupt in anger?

To Infinity...and Beyond! ★★★★

各段落のあらすじを、英語で再現してみましょう。

(1) エリンはしばらくヒンクリーで働かなければならず、ジョージに助けを求める。ジョージはバイクでエリンたちが滞在しているモーテルにやってくる。

(2) エドとエリンは日中一軒一軒署名を集めて回る。エリンは夜遅くまで残務処理をする。息子のマシューが書類のひとつに目を留め、母の仕事を理解し始める。

(3) ある晩、エリンがプールバーに署名をもらいにいくと、チャールズという男が話しかけてくる。ヒンクリー工場で働いていたことがあり、内部文書を持っているという。

(4) エリンとエドは皆から署名を集め、判事は会社に賠償を命じる。

(5) エドはわざとエリンに誤解をさせ、彼女を怒らせる。エリンは巨額のボーナスを受け取り、言葉を失う。

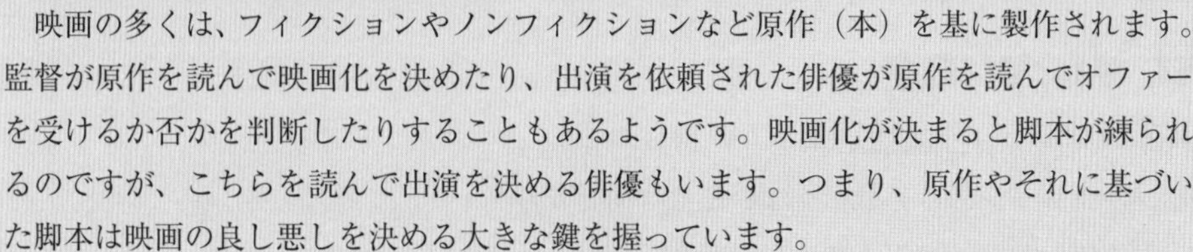

学習クリニック

映画と原作の両方を楽しむ

映画の多くは、フィクションやノンフィクションなど原作（本）を基に製作されます。監督が原作を読んで映画化を決めたり、出演を依頼された俳優が原作を読んでオファーを受けるか否かを判断したりすることもあるようです。映画化が決まると脚本が練られるのですが、こちらを読んで出演を決める俳優もいます。つまり、原作やそれに基づいた脚本は映画の良し悪しを決める大きな鍵を握っています。

しかし、いくら長編映画とはいえ時間の制約があるので、盛り込める内容は限られてきます。そこで、映画に描かれなかった部分は、原作を読んで楽しむというのも良いでしょう。また、先に原作を読み、人物や状況を自分なりに想像した上で映画を観ると、また違った楽しみ方ができます。人物像はイメージ通りだったか、内容は原作に沿っていたか、どこにどのような脚色が加えられていたかなど注目点は沢山あります。

映画がオリジナルの場合、あるいは原作からかなりかけ離れた内容になっている場合などは、映画版のストーリーがノベライズ（小説化）され、出版されたりもします。ジョニー・デップが主演した『アリス・イン・ワンダーランド』（2010）などが良い例です。また、イギリスの有名な児童文学者ロアルド・ダール作品を基にした『ファンタスティック Mr. Fox』（2009）は、脚本そのものがペーパーバックになって出版されています。

映画で耳を鍛えるだけでなく、それに「読むこと」を加えると、リスニングとリーディングという２つのインプットができます。様々な出版社が英語学習者用に Graded Readers と呼ばれる、レベル分けされた本（Oxford Bookworms、Penguin Readers シリーズなど）を出版していますが、その中には、映画化された（文学）作品が数多く含まれています。表紙に映画の人物やシーンが用いられているものもあり、興味を引きます。語彙が調整されていて原書よりかなり読みやすくなっているので、映画を観る前に読んでストーリーを確認しておくのもいいでしょう。本に出てきたままの言い回しが映画の台詞で使われていることもあるので、リスニングも楽になります。同じ表現を読んだり聞いたりすることで、学習効果も上がるでしょう。また、逆に映画を観て大体のストーリーを分かった上で本を読むと、理解がしやすいこともあります。本を読む進度に合わせて映画を何回かに区切って観るということもできます。どちらにしても、同じ作品の映画と原作の両方に触れるというのは、「1粒で２度おいしい」楽しみ方かもしれません。

自分が観た映画の原作あるいはノベライズ版を読んでみましょう。また、原作を先に読み、後で映画を観てストーリーを確認してみましょう。あなたはどちらの方法が好みですか？　原作と映画には類似点、相違点がどれくらい見つかりましたか？

Audio-Visual Learning

Giving and Receiving Requests (1:46:37 - 1:50:58)

英語字幕

First Viewing

英語字幕で観ながら、場面観察をしてみましょう。

(1) エリンがジョージにして欲しくないことは何ですか？
(What does Erin want George not to do?)

(2) エリンはどうしてジョージの部屋を別に取ったのですか？
(Why did she get him his own room?)

(3) 朝食を食べに出かける直前に、ジョージはエリンにどんな言葉をかけましたか？
(What did George say to Erin right before he left for breakfast?)

(4) エリンは何のために車が要るのですか？ *(Why does she need her car?)*

(5) エリンが "Eggs would be perfect." と言ったときの表情はどんなでしたか？　また、それは何を表していますか？
(What was her facial expression like when she said "Eggs would be perfect"? What does it indicate?)

Special Terms

baby［呼称］子供への親しい呼びかけ（ジョージがケーティに、エリンがマシューに対して使用）。 man/buddy［呼称］男性への親しい呼びかけ（ジョージがマシューに対して使用）。 girlie［呼称］女の子への親しい呼びかけ（ジョージがケーティに対して使用）。

Sound Focus

DL 57 ~ 61　CD 81 ~ CD 85

（1）～（5）の音声を聞き、音の変化に注意して、空所に入る語句を書き取ってみましょう。

(1) I'll give you (　　　) (　　　) for (　　　) (　　　) if you want to go somewhere.

(2) Let's (　　　) (　　　) (　　　) pancakes.

(3) (　　　) be (　　　) in a minute.

(4) (　　　) be (　　　) in a minute.

(5) Why (　　　) (　　　) (　　　) mama help her?

口語表現 ティップス

The girl's the same age as me. = The girl's the same age as I am.

「この女の子は僕と同じ歳だね」という意味です。文法的には右の表現が正しいのですが、口語ではよく目的格（me）が代用されます。

依頼 (1:46:37 - 1:50:58)

Second Viewing

空所に適語を補って状況表現を完成させた後で、もう一度字幕なしで観て、どのくらい理解できるか確認してみましょう。

(1) あの子達をバイクでどこかへ連れ出したりしないでね。

Don't (　　　　　) (　　　　　) anywhere (　　　　　) (　　　　　) (　　　　　).

(2) もう少し寝てろよ。

(　　　　　) (　　　　　) sleep.

(3) それを置いて。

(　　　　　) that (　　　　　).

(4) それで遊ばないで。まとめるのに長いことかかったんだから。

Don't (　　　　　) (　　　　　) that. It took me so long to (　　　　　) (　　　　　) (　　　　　).

(5) それを戻してくれる？

(　　　　　) (　　　　　) put that (　　　　　), please?

Acting Out

マシューとエリンがやりとりする場面（1:49:50-1:50:58）を参考にして、次の会話を完成させ、ペアで練習してみましょう。

A: そのファイルで遊ばないで。まとめるのに時間がかかったんだから。

B: この女の人って友達（の１人）？

A: そうよ。手伝っているのよ。

B: どうして彼女の家族が手伝ってあげないの？

A: 彼女の家族も忙しいのよ。

B: ランチを持って帰ってあげるよ。BLT※でいい？

A: いいわね。

※ BLT = a bacon lettuce tomato sandwich

Tit for Tat / Quid Pro Quo (2:02:14 - 2:06:33)

First Viewing

英語字幕で観ながら、場面観察をしてみましょう。

(1) エリンがいる場所はどこですか？　それは何を表していますか？
(Where is Erin? What does it indicate?)

(2) エリンのセリフ "Tell her I'm not a lawyer. That may help." はどういう意味ですか？
(Erin says, "Tell her I'm not a lawyer. That may help." What does it mean?)

(3) エリンが "Why not?" という直前にエドは何と言いましたか？
(What did Ed say right before Erin said "Why not?")

(4) エリンにとって大事なのは何ですか？
(What is important to Erin?)

(5) 最後にエリンの部屋から出て行くエドはどんな様子ですか？
(How does Ed leave Erin's office in the end?)

Special Terms

big words［口語］大言壮語　backstabbing［俗］背中を刺す（裏切り）　bloodsucking［俗］血を吸う　scumbags［卑］卑劣な奴　be up to my ass［卑］てんてこまいで、深く関わって　screw［俗］だます、不当に扱う

Sound Focus

DL 62 ~ 66　CD 86 ~ CD 90

（1）～（5）の音声を聞き、音の変化に注意して、空所に入る語句を書き取ってみましょう。

(1) Everybody loves the desk you (　　　) (　　　) (　　　) (　　　).

(2) (　　　) (　　　) (　　　) cover of *Los Angeles Lawyer Magazine*?

(3) I won't (　　　) (　　　) too much (　　　) (　　　) time.

(4) Why (　　　) (　　　) give me the address now, (　　　) (　　　) (　　　)?

(5) You want me (　　　) (　　　) (　　　)?

口語表現 ティップス

Guess who's on the cover of *Los Angeles Lawyer Magazine*.

Guess who ... の表現は「…したのは誰だと思う？」と相手に尋ねてから、答え（ニュース）を明かす言い方です。ヒンクリーの件でエドが弁護士雑誌の表紙を飾ったのですね。

仕返し／しっぺ返し (2:02:14 - 2:06:33)

Second Viewing

空所に適語を補って状況表現を完成させた後で、もう一度字幕なしで観て、どのくらい理解できるか確認してみましょう。

(1) 頼むわよ。分かりもしないのに大きな口をたたかないで。

(　　　) me a (　　　). Don't use big words (　　　) (　　　) (　　　).

(2) これは複雑な問題だからね。君は弁護士の資格を持っていないから。

It's a (　　　) (　　　). You're not a (　　　) (　　　).

(3) 私は仕事をしたわ。それなりの報酬をくれるべきよ。

I did a job. You should (　　　) me (　　　).

(4) だから言っただろ…君の要求額は妥当じゃないから増やしておいたよ。

As (　　　) (　　　) saying, I decided that the figure (　　　) (　　　) was not appropriate, so I increased it.

(5) ミスコンテストの女王は謝ることを知らんのかね？

Don't they teach beauty queens (　　　) (　　　) (　　　)?

Acting Out

エリンとエドのやりとりの場面（2:05:08 - 2:06:03）で、エドがボーナスの小切手を机に置いて出て行こうとする時のエリンのセリフとそれに対するエドのセリフ（"I want you to know something, Ed." から）をペアで練習した後で、音声を消した映像を見ながら、日本語字幕が出たところで、それぞれのパートの英語のセリフを声に出して言ってみましょう。

字幕ウォッチング

エリンとエドは最終的に住民全員の署名を集めることに成功し、判事が和解の金額を回答してきます。それをドナに伝えに行く車の中にはジョージが乗っています。ジョージは、"I'm still not sure why you wanted me to come."（なぜ俺に一緒に来て欲しかったのかいまだにわからない）と言うのですが、字幕では「なぜ俺を連れてく？」と端的に訳されています。それに対する答えは、"I want to show you what you helped to do."（助けてくれた成果をあなたに見せたいのよ）ですが、字幕では先ほどの短い問いに対する答えのように「支えてくれたお礼よ」となっています。確かに、この時のエリンは、正念場を裏で支えてくれたジョージに感謝の気持ちで一杯だったことでしょう。ただ、それをダイレクトに言わないところがエリンらしいですね。

Tit for Tat／Quid Pro Quo
(仕返し／しっぺ返し)

嫌なことをされたり言われたりしたとき、それをしばらく根に持ったり、「今に見ていろ」と思ったりすることはあるものです。この映画では、エリンの勢いと毒舌に押されっぱなしだったエドが最後に見事な逆転劇を見せます。

最初、エリンは、医者が運転するジャガーにぶつかられ重症を負います。その交通事故の弁護をエドが引き受けることになり、“You and me, we're going to make him pay for it.” と言っていたのですが、裁判では、エリンの経歴(離婚歴２回のシングルマザー、無職、借金が１万 7,000 ドル)を突かれ、「当たり屋」扱いされてしまいます。その結果、エリンは勝てるはずだった裁判に負けるのですが、エドは満足に謝りもせず、「君のその言葉が原因だった」と言います。エリンは “Do they teach lawyers to apologize? Because you suck at it.” と捨て台詞を吐いて立ち去ります。しかし、生活は成り立たず、エドに助けを求めようと電話をするのですが、伝言は無視され続けます。業を煮やしたエリンは事務所に直接乗り込み、エドに詰め寄って、スタッフとして雇ってもらうことになります。

刺激的な服装で出勤し、毒舌を吐くエリン。同僚との関係を心配したエドが、“Now that you work here, you may want to rethink your wardrobe a little.” と言うのですが、過激に応酬され、最後には “You might want to rethink those ties.” とエリンに止めを刺されてしまいます。それ以降も、エリンは、周りの中傷に負けることなく仕事に没頭していきます。仕事に必要なもの（携帯、車、昇給）を無敵の交渉力で次々に手に入れて行くエリンに、エドはたじたじです。

いつもエリンに言われ放題だったエドですが、映画の最後には、絶好の仕返しのチャンスが巡ってきます。エドがボーナスの小切手をエリンのオフィスに届けに行ったときエリンは電話中で、「私が弁護士じゃないってことを彼女に伝えて。役立つかもしれないから」と話しています。電話を切ったエリンは、ボーナスがもらえると分かって喜ぶのですが、そこでエドは、「ボーナスのあの金額が妥当じゃなかったので…」と切り出します。加えて、“It's a complicated issue. You're not a qualified lawyer.” と言ったので、エリンはてっきりボーナスが減らされたと思い、エドに向かって猛烈に非難を浴びせます。その反応をおもしろそうに眺めていたエドは、無言で小切手をエリンの机に置いて立ち去ろうとします。まだ攻撃を止めないエリン。でも、小切手を手にとって見ると、信じられない金額が書かれていました。「高すぎるから減らされた」と誤解したのですが、実は「低すぎるから増やした」というものだったのです。言葉を失うエリンに、エドは、“Do they teach beauty queens how to apologize? Because you suck at it.” という見事なカウンターを食らわして、部屋を後にします。仕返しとは言っても、機知に富んだこのやり方は、「お見事一本！」という感じで後味の良いものですね。

The Real Erin

等身大のエリン

"Being true to yourself is the greatest thing."

Extra Reading

太字の語句に注意しながら次の文を読み、問題に答えましょう。

DL 67　CD 91 ~ CD 96

❶ "It is not really a movie about a lawsuit. It's about a person who cannot seem to reconcile how she views herself with how others view her," said Steven Soderbergh, who directed the movie. The movie is based on Erin Brockovich's true story. What is the "real" Erin like?

❷ As in the movie, "Erin is very bright and very quick, but she also has a tendency to be very confrontational. She is confrontational in two ways: the way she dresses, which is very **provocative** and eye-catching, almost audible it's so loud, and in her language. She has a tendency to be very colorful in the way that she expresses herself, very direct. People respond to it in a way that is interesting," said Soderbergh.

❸ Although Ed Masry had doubted at first that Julia Roberts could play Erin's part, Julia did a **superb** job, which bestowed an Oscar award upon her—the Best Actress in a Leading Role. As Charles in the movie put it, "There is something about her." Soderbergh recalls that he found the same "**inherent charisma** and a light in the eye" in both Erin and Julia. "Julia has an undeniable energy that is difficult to **resist**," added Soderbergh.

❹ Like Julia, the real Erin listened to people in Hinkley attentively and gained their trust. She told them not to walk away and persuaded them to be part of the lawsuit. As a result, Erin witnessed the fact that "They came together as people, and were united and stood up, and made a difference for themselves and for their children." They won the largest direct-action lawsuit in American history.

❺ Erin's private life, however, didn't go smoothly after the **unprecedented** lawsuit. Her ex-boyfriend, Jorge Halaby, filed a palimony suit against her, and she settled with a $40,000 check and a $20,000 custom-built Harley-Davidson motorcycle. On top of that, her first husband, Shawn Brown, and Jorge (again) started **blackmailing** her. They hired a lawyer who threatened to make false accusations about her to the media.

❻ Yet, she moved on. She continued to work as a legal clerk and consumer advocate. She has also been actively involved in **numerous** environmental projects. It's not easy and it doesn't seem to be popular to do the right thing, but she thinks that we should feel comfortable with the decisions we have made. She **stresses** that "Being true to yourself is the greatest thing you can do not only for yourself, but for your family and others. And never lose hope." She is still fighting.

Notes

[11] the Best Actress in a Leading Role 主演女優賞　[20] direct-action lawsuit 不法行為者が加入している保険会社に対して直接損害賠償を請求する訴訟のこと　[22] palimony suit 慰謝料請求訴訟　[23] custom-built 特注の　[25] false accusations 濡れ衣　[26] legal clerk 弁護士の助手　[26] consumer advocate 消費者側の訴訟代理人

Vocabulary in Use

A. 下線部の語句の同意語句(≒)または反意語句(⇔)を、選択肢の中から選びましょう。

(1) Julia did a <u>superb</u> job, which bestowed an Oscar award upon her.

⇔ ① terrible ② impressive ③ terrific

(2) Soderbergh recalls that he found the same "inherent <u>charisma</u> and a light in the eye."

≒ ① blame ② stigma ③ magnetism

(3) Julia has an undeniable energy that is difficult to <u>resist</u>.

⇔ ① accept ② refuse ③ please

(4) She has also been actively involved in <u>numerous</u> environmental projects.

⇔ ① various ② a few ③ large

(5) She <u>stresses</u> that "Being true to yourself is the greatest thing you can do."

≒ ① presses ② reduces ③ emphasizes

B. 本文を参考にして、次の日本語の意味に合うように、英文の空所に適語を補充しましょう。

(1) その地域は前代未聞の災害に見舞われた。

The region was hit by an ( ) ( ).

(2) その選手は競争相手に挑発的な言葉を投げた。

The player made a ( ) ( ) to his opponent.

(3) 暴力団は私生活をネタに歌手をゆすった。

The gang ( ) the singer about his ( ) ( ).

(4) 全ての人間は生命に対する固有の権利を有する。

Every human being has the ( ) ( ) to life.

(5) 再生可能なエネルギーの擁護者たちは太陽光発電を推奨している。

The ( ) ( ) ( ) have been promoting solar power.

口語表現 ティップス

She has a tendency to be...

ソダーバーグ監督のエリン評には上の表現が2回出てきます。エリンは挑発的(confrontational)で、服装や言葉が彩り豊か(colorful)だということなのですが、決してそれを批判している訳ではありません。「彼女にはこういうところがあってね…」と、個性(魅力?)として認めている様子が伝わってきます。

Movies about Environmental Issues（環境問題を扱った映画）

『エリン・ブロコビッチ』は、アメリカで実際に起こった公害訴訟問題を取り上げていますが、他にも環境問題を扱った映画はたくさんあります。話題作も含め、年代順にいくつかご紹介しましょう。

The China Syndrome (1979)『チャイナ・シンドローム』

女性のレポーターが原発を取材中に事故に巻き込まれる。この映画の公開からわずか12日後にスリーマイル島の原発事故が起き、アメリカの反原発運動が盛んになったとされている。

Koyaanisqatsi (1982)『コヤニスカッツィ』

タイトルは、アメリカインディアンの言葉で「バランスを失った世界」という意味。古代文明を培ってきた広大で豊かな自然は、いつしかテクノロジーに破壊されていく。物質文明に翻弄される世界と人間に対する危機感が音楽と映像のみで描かれるドキュメンタリー。

FernGully: The Last Rainforest (1992)『不思議の森の妖精たち』

ディズニー『美女と野獣』を手掛けたスタッフによるファンタジーアニメ。森の妖精クリスタは人間の青年ザックと出会い、人間の優しさに心惹かれるが、同じ人間によって美しい熱帯雨林が切り倒され、悪の妖精が解き放たれる。

Whale Rider (2003)『クジラの島の少女』

ニュージーランドの浜辺の村。族長の長男には男の子の跡継ぎがなく、パイケアという女の子しかいない。村を愛するパイケアは、秘かに伝統文化や武術を習得するが、祖父には受け入れてもらえない。ある日大量の鯨が浜に打ち上げられ、大人たちも救出を諦めたとき、鯨に乗ったパイケアが鯨を海に誘導し始めた。

The Day After Tomorrow (2004)『デイ・アフター・トモロー』

地球温暖化により北極・南極の氷河が溶け始め、地球は突然異常気象に見舞われる。気象専門家のジャック・ホールが警告していた氷河期がついにやってくる。

An Inconvenient Truth (2006)『不都合な真実』

アメリカの元大統領候補のアル・ゴアが様々な科学的根拠を基に、地球問題に警鐘を鳴らす。人口爆発、地球温暖化、異常気象、海水の酸性化などが次々と現実の問題となってきている。

WALL-E (2008)『ウォーリー』

29世紀、ごみの惑星と化した地球に人間はいない。そんな中、WALL-Eだけが黙々と700年間ごみを圧縮し積み上げている。人間は豪華宇宙船で暮らし、宇宙にごみを撒き散らす。

Avatar (2009)『アバター』

2154年、人類はポリフェマスと呼ばれる惑星の最大の衛星パンドラでレアメタルの採掘基地を築いていた。熱帯雨林にはナヴィという種族が暮らしていたが、採掘のために森を独占しようとする人間を快く思っていない。ナヴィと人間のDNAを組み合わせたアバターがナヴィとの意思疎通のために送られるが、相互理解は得られず、武力衝突に発展してしまう。

［巻末付録］

特別用語集

Story 1

ad【ビジネス】 ㊔ advertisement（広告）の省略形 ／ job ad で「求人広告」の意味
benefit【ビジネス】 ㊔ 社会保障手当て・給付金
code【ビジネス】 ㊔ 暗証番号
cough medicine【医学】 ㊔ せき止め薬
chicken pox【医学】 ㊔ 水疱瘡
client【法律】 ㊔ 依頼人
culture【医学】 ㊔［㊍］培養（する）／ throat cultures で「喉の組織の培養」の意味
debt【ビジネス】 ㊔ 負債
dipstick【医学】 ㊔ 計深棒
ER【医学】 ㊔ emergency room（緊急救命室）の省略形
geology【科学】 ㊔ 地質学
insurance【ビジネス】 ㊔ 保険
lawyer【法律】 ㊔ 弁護士
lab【科学】 ㊔ laboratory（研究所・実験室）の省略形
neck brace【医学】 ㊔ 頸椎を保護するための器具
objection【法律】 ［間投］「異議あり」これに対して裁判官が言う“Sustained”は「認める」“Overruled”は「却下する」の意味
painkiller【医学】 ㊔ 鎮痛剤
paycheck【ビジネス】 ㊔ 給与・給与支払い小切手
payroll【ビジネス】 ㊔ 給与・賃金台帳
petty cash【ビジネス】 ㊔ 小口現金
Q-tip【医学】 ㊔ 綿棒。＊ Unilever 社製の綿棒の商標
résumé【ビジネス】 ㊔ 履歴書
throat culture【医学】 ㊔ のどの組織（培養）
urinalysis【医学】 ㊔ 検尿・尿検査
white count【医学】 ㊔ 白血球の数
Xerox machine【ビジネス】 ㊔ コピー機 ＊ Xerox 社製のコピー機の商標

Story 2

accountability【ビジネス】 ㊔ 説明責任・報告義務
bank balance【ビジネス】 ㊔ 預金残高
bill【ビジネス】 ㊔ 請求書
cancer【医学】 ㊔ 癌
carcinogenic【医学】 ㊒ 発癌性の（→㊔ carcinogen 発癌性物質）
checkup【医学】 ㊔ 健康診断

chrom【化学】 ㊔ chromiumの略、クロム（Cr）＊原子番号24の金属元素。光沢があり錆びにくいため、メッキとしてよく用いられる。クロム単体に毒性はなく、三価クロムは、人間にとって必須のミネラルであるが、六価クロムは極めて毒性が強い。

chronic【医学】 ㊒ 慢性の ／ chronic headachesで慢性の頭痛

construction【ビジネス】 ㊔ 建設 ／ do constructionで「建設現場で働く」の意味

correspondence【ビジネス】 ㊔ 通信（文）

correspond【ビジネス】 ㊍ 通信する ／ correspond with ～で「～と連絡をとる・やりとりする」の意味

corrosion【化学】 ㊔ 腐食

dispute【法律】 ㊔ 論争 ／ real estate disputeで「不動産をめぐる争い」の意味

DNA【生物】 ㊔ デオキシリボ核酸（deoxyribonucleic acid）＊DNAは遺伝子（gene）を構成する物質。二重らせん構造（double helix）をしており、その塩素配列が遺伝情報を担っている。

exterminator【ビジネス】 ㊔ 害虫・ネズミなどの駆除業者

failure【医学】 ㊔ 機能障害・不全 ／ heart failureで「心不全」の意味

hexavalent chromium【化学】 ㊔ 六価クロム＊六価のクロム化合物の総称。強い毒性があり、腫瘍や臓器機能障害の原因となる。valentは原子価（ある原子が結合しうる水素原子の数）のこと。原子の手とも呼ばれる。

jurisdiction【法律】 ㊔ 管轄 ＊法的権限の及ぶ範囲。

liver【医学】 ㊔ 肝臓 ／ liver failureで「肝不全」の意味

medical record【医学】 ㊔ カルテ

nosebleed【医学】 ㊔ 鼻血（が出ること）／ nosebleeds（複）で「慢性的（繰り返し起こる）鼻血」の意味

organ deterioration【医学】 ㊔ 臓器の悪化

piston engine【工学】 ㊔ ピストンエンジン

pro bono case【法律】 ㊔ 無料奉仕の訴訟 ＊弁護士が社会奉仕のために無料で引き受ける事件

real estate【ビジネス】 ㊔ 不動産

reproductive【医学】 ㊒ 生殖の ／ reproductive failureで「生殖障害」の意味

respiratory【医学】 ㊒ 呼吸器の ／ respiratory diseaseで「呼吸器系疾患」の意味

rust inhibitor【化学】 ㊔ さび止め剤

toxic【化学】 ㊒ 有毒な

utility【環境】 ㊔ 電気・ガス・水道などの公共事業 ／ utility plantで「発電所」などの意味

water board【環境】 ㊔ 水質管理局

Story 3

asthma【医学】 ㊔ 喘息

bypass【医学】 ㊔（心臓血管の）バイパス形成手術

bankruptcy【ビジネス】 ㊔ 倒産

corporation【ビジネス】 ㊔ 企業・法人

cyst【医学】　㊔ 嚢胞（のうほう）＊腺が詰まり、分泌液がたまって袋状になったもの／ breast cyst で「乳嚢胞」の意味

deficiency【医学】　㊔ 不全症・欠損 ／ immune deficiencies で「免疫不全症」の意味

diabetes【医学】　㊔ 糖尿病

diet【医学】　㊔ 食事・食生活

dispute【法律】　㊔ 争議／ real estate dispute で「不動産争議」の意味

eviction【法律】　㊔ 立ち退き

evidence【法律】　㊔ 証拠

extortion【法律】　㊔ 恐喝・ゆすり

gastrointestinal【医学】　㊎ 胃腸の／ gastrointestinal cancer で「消化器癌（結腸癌・食道癌・胃癌など）」の意味

gene【医学】　㊔ 遺伝子＊ DNA の塩基配列のうち、個々の遺伝情報を担う部分。ヒトの場合、DNA の総塩基対（＝ゲノム genome）は約 30 億対で、その中に約 20,500 個の遺伝子があると言われている。

Hodgkin's【医学】　㊔ Hodgkin's disease（ホジキンリンパ腫）＊悪性リンパ腫の一種で、首の付け根、腋の下、足の付け根などにできる

immune【医学】　㊎ 免疫（性）の・免疫になっている ／ immune deficiencies で免疫不全の意味

injunction【法律】　㊔ 禁止命令・差し止め命令

intestine【医学】　㊔ 腸 ＊小腸は small intestine、大腸は large intestine

kidney【医学】　㊔ 腎臓 ／ kidney tumor で「腎腫瘍」の意味

Krispy Kreme【ビジネス】　㊔ クリスピー・クリーム社のドーナツ（商標）

lawsuit【法律】　㊔ 訴訟 ／ file a lawsuit で「訴訟を起こす」の意味

legal【法律】　㊎ 法律の ／ legal expertise で「法律の専門知識」の意味

miscarriage【医学】　㊔ 流産

nosebleed【医学】　㊔ 鼻血 ／ chronic nosebleed で「慢性的鼻血」の意味

pill【医学】　㊔ 錠剤 ／ birth control pills で「経口避妊薬」の意味

plaintiff【法律】　㊔ 原告

poison【化学】　㊍ ～に毒を盛る・汚染する

poisonous【化学】　㊎ 有毒な

property【ビジネス】　㊔ 所有物・財産

rash【医学】　㊔ 発疹

retroactive【法律】　㊎ 遡及効果のある ／ retroactive bonus で「遡及割増配当」の意味

shareholder【ビジネス】　㊔ 株主

statute of limitations【法律】　㊔ 時効・出訴期限（法）＊問題の所在を知ってから、一定期間内に訴訟を起こさなければ無効となる

suit【法律】　㊔ 訴訟（=lawsuit）／ file (a) suit で「訴訟を起こす」の意味

tort【法律】　㊔ 不法行為 ／ toxic tort で「有毒物の汚染による不法行為」の意味 ＊「不法行為」は法律用語、「違法行為」は一般用語

toxicologist【化学】　㊔ 毒物学者

tumor【医学】　㊔ 腫瘍

uterine【医学】　㊎ 子宮の ／ uterine cancer で「子宮癌」の意味

vet【医学】　㊔ veterinarian（獣医）の省略形

Story 4

anticorrosive【化学】 ㊔㊒ 錆び止め（の）

claim【法律】 ㊍（権利などを）主張する

counselor【法律】 ㊔ 法廷弁護士・顧問弁護士

complaint【法律】 ㊔ 原告の申し立て・訴状

compressor【工学】 ㊔ 圧縮機

contamination【環境】 ㊔ 汚染

corporate【ビジネス】 ㊒ 企業の

court【法律】 ㊔ 裁判所

damages【法律】 ㊔ 損害賠償 ＊実質的損害賠償（actual damages）と懲罰的損害賠償（punitive damages）がある。

decide【法律】 ㊍ 判決・評決を下す

decision【法律】 ㊔ 判決・評決

declaration【法律】 ㊔ 原告の最初の請求申立て

defendant【法律】 ㊔ 被告・被告人

demur(rer)【法律】 ㊔ 異議・妨訴抗弁 ＊同様なものに motion to dismiss（棄却の申し立て）があるが、demurrer が原告側の個々の訴えに対して異議を申し立てることであるのに対して、motion to dismiss は訴えそのものを無効とすることを目的とする。

deny【法律】 ㊍ 拒絶する

deteriorate【医学】 ㊍ 悪化する

dismiss【法律】 ㊍ 棄却する

hexachrome【化学】 ㊔ 六価クロム（＝hexavalent chromium）

hysterectomy【医学】 ㊔ 子宮摘出（手術）

inquiry【ビジネス】 ㊔ 照会・問い合わせ・引き合い

judge【法律】 ㊔ 裁判官・判事

maxi pads【医学】 ㊔ 生理用ナプキン

mortgage【ビジネス】 ㊔ 抵当（権）

plume【環境】 ㊔ 汚染物質 ／ live on the plume で「汚染された地域に暮らす」の意味

prove【法律】 ㊍ 証明する

punitive【法律】 ㊒ 懲罰的な ／ punitive damages で「懲罰的損害賠償」の意味

settle【法律】 ㊍（紛争などに）決着をつける・和解する・示談にする ／ settlement ㊔ 和解・示談・和解金

spine【医学】 ㊔ 脊椎

trial【法律】 ㊔ 裁判・公判・審理／ go to trial で「裁判にかけられる」の意味

underwire【衣料】 ㊔ ワイヤー入りブラジャー

uterus【医学】 ㊔ 子宮 ＊一般用語は womb

validity【法律】 ㊔ 法の有効性・合法性

versus【法律】 ㊔ 対 ／ Plaintiffs of Hinkley versus PG&E で、「ヒンクリー原告団対 PG&E 社訴訟事件」の意味

Story 5

appeal【法律】	㊔㊍ 上訴・抗告（する）＊上訴には控訴（第１審判決に対する上訴）、上告（控訴審判決に対する上訴）があるが、英語ではいずれも appeal。抗告は裁判所の決定および命令に対する不服申し立てのことで、これも英語では appeal。
arbitration【法律】	㊔ 仲裁 ＊当事者の合意に基づいて、第三者（仲裁人）による紛争解決をはかること。調停（mediation / conciliation）よりも法的制力があり（binding）、仲裁判断に対しては上訴できない。
Crohn's disease【医学】	㊔ クローン病 ＊口腔から肛門までの全消化器官に慢性的な肉芽腫性炎症を生じる病気で、原因は特定されていない。
controversy【法律】	㊔ 論争 ＊ Love Canal controversy（ラブキャナル事件）は、1970 年代後半に米国のナイアガラ滝近くのラブキャナル運河で起きた、化学会社の有毒廃棄物による公害事件。
courier【ビジネス】	㊔ 配達人・宅配便業者 ㊍（宅配便で）配達する
courtroom【法律】	㊔ 法廷
jury【法律】	㊔ 陪審・陪審員団 ＊ 12 名の陪審員（juror）から成る。
liable【法律】	㊒（法的に）責任がある
nausea【医学】	㊔ 吐き気 ／ have nausea で「吐き気がする」の意味
partner【法律】	㊔ 協力者 ㊍ 提携する ＊米国の法律事務所で働く弁護士には partner と associate の役職があり、partner は経営権を持つ上級職、associate は固定給で働く従業員弁護士を指す。
proposal【法律】	㊔ 提案 ／ arbitration proposal で「仲裁案」の意味
radiation【医学】	㊔ 放射線（治療）
smoking gun【法律（俗）】	㊔ 犯罪の法的証拠
steno【ビジネス】	㊔ stenographer（速記者）の省略形 ／ steno clerk で「速記職員」の意味
symptom【医学】	㊔ 兆候。

Story 6

colon【医学】	㊔ 大腸・結腸
declaration【法律】	㊔ 供述 ＊被疑者や証人等が尋問に答えて事実を述べること。
headquarters【ビジネス】	㊔ 本社 ＊単数または複数扱い
holding pond【環境】	㊔ 溜池
shredder machine【ビジネス】	㊔ シュレッダー
stamp【ビジネス】	㊍ 消印を押す
supervisor【ビジネス】	㊔ 主任
visual aid【ビジネス】	㊔ 視覚資料
warehouse【ビジネス】	㊔ 倉庫

本書にはCD（別売）があります

English on Screen
Learning Real English through *Erin Brockovich*
映画「エリン・ブロコビッチ」で学ぶ実践英語の基本

2015年1月20日　初版第1刷発行
2025年2月20日　初版第12刷発行

編著者　井村　　誠
　　　　中井英民
　　　　松田早恵
　　　　山本五郎
（英文校閲）Matthew Coldwell
　　　　Damien Healy

発行者　福岡正人
発行所　株式会社　金星堂
〒101-0051　東京都千代田区神田神保町 3-21
Tel.（03）3263-3828（営業部）
　　（03）3263-3997（編集部）
Fax（03）3263-0716
https://www.kinsei-do.co.jp

編集担当　長島吉成　　Printed in Japan
印刷所・製本所／倉敷印刷株式会社

ISBN978-4-7647-3993-2　C1082